ON REFAIT LA COUPE DU MONDE

ET SI L'ARBITRAGE VIDÉO AVAIT EXISTÉ DEPUIS LE DÉBUT ?

SOLAR
EDITIONS

PRÉFACE DE JOËL QUINIOU

L'ARBITRE RESTE SEUL DÉCISIONNAIRE

L'International Board (l'IFAB), organisme garant des lois du jeu, a donné son feu vert en 2016 à l'expérimentation de l'arbitrage vidéo lors de quatre situations de jeu ; après un but marqué, sur un penalty, sur un carton rouge et pour corriger une erreur sur l'identité du joueur. Les premiers tests en compétition officielle ont eu lieu lors du Mondial des clubs au Japon en décembre 2016. France-Espagne amical en mars 2017 a été le premier match dirigé avec l'appui de la vidéo. L'un des principaux enseignements des premières expérimentations menées à travers les continents concerne le recours fréquent à l'assistance vidéo, « nous essayons quelque chose de nouveau et comme l'arbitre ne veut pas commettre une erreur, il préfère consulter l'assistant vidéo plutôt une fois de plus qu'une fois de moins », selon Lukas Brud, le secrétaire de l'IFAB. En procédant ainsi on risque de décharger d'une certaine façon les arbitres et arbitres assistants de leur responsabilité, les dédouanant de leur pouvoir décisionnaire et de leur libre arbitre. Tout en incitant les joueurs et entraîneurs à faire pression sur l'arbitre de façon à l'amener à consulter son VAR (Vidéo assistant referee). L'essence même de l'arbitrage du football c'est de laisser vivre le jeu, en garantissant sa fluidité, sa spontanéité sans interruptions fréquentes qui casseraient le rythme de la rencontre et rallongeraient la durée de la partie inutilement. L'arbitre se doit d'exercer son charisme, son intelligence du jeu, en imposant ses décisions prises à vitesse réelle, notamment dans des situations délicates de penalty qui relèvent de l'appréciation et de l'interprétation. Et même si cette interprétation n'est pas partagée par tous, notamment sur la notion d'intentionnalité ou non d'une main, de tacle régulier ou irrégulier, d'une charge trop prononcée d'un gardien de but, l'arbitre, seul décisionnaire, se doit d'exprimer sa vérité de l'instant sans en référer à son VAR. Dans le cas contraire, on ne ferait que déplacer le débat devant l'écran de télévision sans garantir une appréciation commune entre les arbitres. Avec le risque d'ajouter à la confusion et de susciter de l'interrogation tant sur le terrain qu'autour du terrain, y compris pour les spectateurs.

En revanche, quand il s'agit de simulations avérées commises contre l'esprit du jeu ou de fautes qui échappent à la vigilance de l'arbitre, voire sur un penalty sifflé alors que le défenseur joue proprement le ballon ou si la faute est commise à l'extérieur des 16,50 m, la vidéo peut, à juste titre, suppléer et aider le corps arbitral. Au même titre que sur un but entaché d'une faute indiscutable de l'attaquant. C'est la raison pour laquelle le cadre d'utilisation de la vidéo sera déterminant pour la réussite de cette technologie. Il est important de bien le cibler, l'affiner, l'harmoniser, y compris dans la procédure de communication entre arbitres et VAR. Prenons l'exemple des hors-jeu limites : ne conviendrait-il pas d'accepter une marge d'erreur compte tenu du positionnement du révélateur dont la justesse dépend aussi du moment précis où il est enclenché alors que l'attaquant se trouve pratiquement aligné sur l'avant-dernier défenseur ? Par le passé, en l'absence de révélateur, on faisait confiance aux arbitres assistants sur des situations litigieuses et le débat – donc la polémique – n'existait pas ! Cependant si l'attaquant est en position de hors-jeu qui ne se discute pas, la vidéo a son utilité. Autre point qui mérite réflexion, quand recourir à la vidéo ? Imaginons par exemple un but marqué alors que l'arbitre vidéo signale une faute commise plus d'une minute avant ce but dans l'autre moitié de terrain ? Faudrait-il occulter ces instants de jeu au risque de dénaturer le fondement même et les principes du jeu ? C'est donc un équilibre judicieux qu'il faut trouver entre un recours fréquent à la vidéo qui nuirait au jeu et une absence d'utilisation qui ne corrigerait pas des erreurs flagrantes de jugement arbitral. Avec un objectif recherché : apporter un maximum de sérénité au corps arbitral sans affecter inutilement le déroulement de la partie.

J. Q.

“ C'est donc un équilibre judicieux qu'il faut trouver entre un recours fréquent à la vidéo qui nuirait au jeu et une absence d'utilisation qui ne corrigerait pas des erreurs flagrantes de jugement arbitral. ”

CV

HUIT MATCHS, CINQ ROUGES

Sélectionné pour arbitrer lors des Coupes du monde 1986, 1990 et 1994, Joël Quiniou est l'indiscutable numéro 1 français de la spécialité. Il a dirigé 8 matchs en phase finale de Coupe du monde (*), autant que l'Uruguayen Larrionda et le Mexicain Archundia. Seul l'Ouzbek Rachan Irmatov en a dirigé 9.

Au cours de ces 8 matchs, Joël Quiniou a sorti 5 cartons rouges. Le plus rapide de l'histoire de la Coupe du monde, au bout de 51 secondes, pour l'Uruguayen José Batista, coupable d'un tacle dangereux sur l'Écossais Gordon Strachan. Il a également exclu le Brésilien Ricardo Gomes (à la 85e minute du huitième de finale contre l'Argentine), le Russe Gorloukovitch (à la 49e minute du match contre la Suède), le Brésilien Leonardo (43e) et l'Américain Clavijo (85e) lors du huitième de finale États-Unis-Brésil.

Joël Quiniou a également dirigé de très nombreux matchs de Ligue 1, trois finales de Coupe de France (1986, 1989 et 1991), ainsi qu'une finale de Coupe UEFA en 1991 et la Supercoupe d'Europe 1989. Il est aujourd'hui membre du C onseil national de l'éthique de la FFF.

(*) Écosse-Uruguay (0-0) en 1986, Italie-Tchécoslovaquie (2-0) en 1990, Argentine-Brésil (1-0) en 1990, Italie-Angleterre (2-1) en 1990, Suède-Russie (3-1) en 1994, Allemagne-Corée du Sud (3-2) en 1994 et la demi-finale Italie-Bulgarie (2-1) en 1994.

INTRODUCTION

ET SI ON REFAISAIT LA COUPE DU MONDE...

Et si le but de « la main de Dieu » avait été refusé en 1986 à Mexico, Maradona aurait-il gagné la Coupe du monde ?

Et si Schumacher avait été exclu pour son agression sur Battiston en 1982 à Séville, la France l'aurait-elle emporté ?

Et si le but fantôme de Geoff Hurst en finale en 1966 à Wembley n'avait pas été validé, l'Angleterre aurait-elle été sacrée ?

Et si ? Et si ? Et si...

Combien de questions sur les décisions arbitrales litigieuses ont animé des discussions de comptoir, de salon ou de rédaction !

Et si ça avait existé avant ?

On s'est donc pris au jeu et on a décidé de refaire la Coupe du monde avec la vidéo. Ou plutôt avec l'assistance vidéo à l'arbitrage (VAR), une terminologie significative car il ne s'agit pas de remplacer l'arbitre par la machine mais de lui apporter le soutien d'une technologie dont tout le monde bénéficie autour de lui.

Pendant longtemps, les opposants à la vidéo ont avancé l'universalité des règles du football pour ne pas l'adopter. On ne voulait pas créer de différence entre les mondes professionnel et amateur, ceux qui avaient les moyens de payer des équipements vidéo et les démunis, l'élite et les autres. Mais la démocratisation des technologies a bouleversé ce rapport.

Désormais, on a la vidéo sur les terrains les plus reculés. On peut envoyer ses plus beaux buts en 12e division à une célèbre émission de TV dominicale. On peut apporter la preuve de sa bonne foi devant une commission de discipline. Et, dans les stades de Ligue 1 connectés, on peut regarder le ralenti de l'action sur son smartphone en même temps qu'il est diffusé dans les foyers câblés.

La vidéo est donc accessible à tous... sauf à l'arbitre !

Il convenait donc d'adopter de nouvelles règles. Ce qu'a fait la FIFA ces derniers mois, avec l'accord de l'International Board (IFAB), gardien des lois du jeu, pour éprouver le système dans la perspective de la Coupe du monde. Certains pays ont déjà instauré l'assistance vidéo à l'arbitrage pour leur championnat, comme l'Allemagne, l'Italie, la Pologne ou le Portugal. La France seulement pour ses Coupes, à partir des quarts de finale.

Tout n'est pas encore parfait. Des temps de réaction trop longs hachent le rythme des matchs. Et prolongent régulièrement les rencontres au-delà de 100 minutes. Il faut un temps d'adaptation entre l'homme et « la machine vidéo »... qui est elle-même contrôlée par un homme, l'arbitre vidéo, qui n'est pas toujours au point. Tout n'est pas parfait mais le bilan est globalement positif. En Italie, on relevait à mi-championnat pas moins de 60 buts refusés grâce à l'assistance vidéo, 8,8 % de fautes en moins, 5,5 % de penalties en plus et un temps de jeu effectif en légère augmentation.

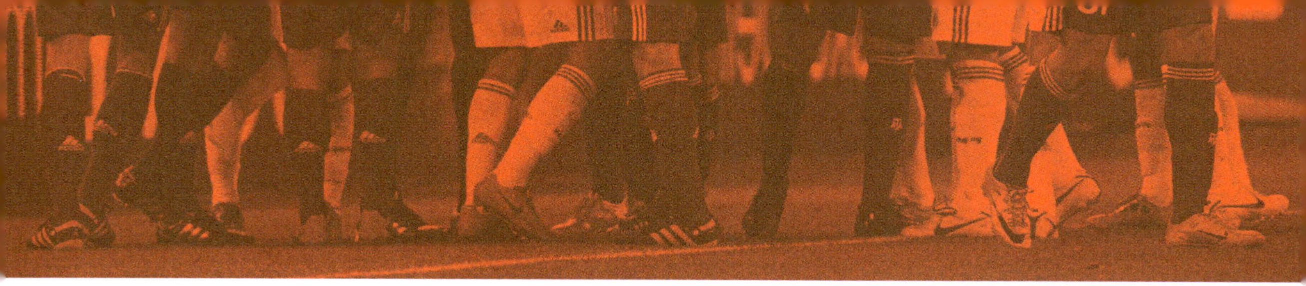

Avec l'adoption de l'assistance vidéo à l'arbitrage par l'International Board (IFAB) lors de sa 132e cession, début mars, et par la FIFA pour la Coupe du monde en Russie, les débats vont changer de nature. On n'aura moins de discussions sur les faits et plus sur l'interprétation de l'arbitre car la technologie apporte des réponses à certaines questions, notamment sur les positions de hors-jeu, longtemps insolubles. L'arbitre ne peut recourir à l'assistance vidéo que dans 4 cas précis :

- pour s'assurer qu'il n'y a pas d'irrégularité quand un but est marqué ;
- pour s'assurer qu'il y a bien une faute qui justifie un penalty ;
- pour s'assurer que le carton rouge est justifié ;
- pour s'assurer qu'il n'y a pas d'erreur sur l'identité du joueur sanctionné.

Il est important de préciser que l'arbitre central garde la main sur toute la procédure de décision : il demande l'avis de son arbitre-assistant vidéo ; ce dernier doit lui signaler dans l'oreillette un cas qui mérite une sanction. Mais c'est toujours l'arbitre central qui tranche. Il n'y a pas de « challenge » comme au tennis où l'un des deux camps peut demander l'aide de la vidéo.

On a donc réparti ces actions litigieuses qui font partie de l'histoire de la Coupe du monde en 6 catégories : les buts refusés à tort, les buts accordés à tort, les penalties refusés à tort, les penalties accordés à tort, les cartons rouges oubliés et ceux distribués trop généreusement.

Cette histoire revisitée de la Coupe du monde débute en 1954, en Suisse, première édition dont plusieurs matchs ont été télévisés. Et où l'assistance vidéo aurait pu être utilisée. Une assistance très théorique compte tenu des limites de la technologie à l'époque, mais il existe certains cas dignes d'intérêt.

Il faut remarquer qu'il y a des situations qui sont désormais résolues par la technologie sur la ligne de but (goal line technology), adoptée par la FIFA pour la Coupe du monde 2014 au Brésil. Sa présence aurait validé le but de Frank Lampard pour l'Angleterre contre l'Allemagne en 2010 et refusé celui de Geoff Hurst pour l'Angleterre contre l'Allemagne en finale en 1966. Son extension à toute la ligne de but (jusqu'aux poteaux de corner) aurait validé le but de Fernando Morientes pour l'Espagne contre la Corée du Sud en 2002.

La vidéo, elle, a déjà été utilisée à de nombreuses reprises en Coupe du monde. Dès 1994, elle a permis de sanctionner a posteriori les auteurs de grosses fautes, comme l'Italien Mauro Tassotti. En 2006, même si la version officielle s'en défend, elle a précipité la retraite du capitaine de l'équipe de France, Zinédine Zidane, coupable d'un « coup de boule » sur l'Italien Marco Materazzi en finale à Berlin. Dans toutes ces situations, son apport a aidé à prendre des décisions en conformité avec la justice sportive.

Bien sûr, la vidéo ne résoudra pas tous les problèmes du terrain. Mais elle peut contribuer à en éviter un certain nombre. De son usage, intelligent et maîtrisé, dépend sa réussite. Comme dans toutes les choses de la vie.

X. B.

SOMMAIRE

Les cartons rouges oubliés

Les cartons rouges attribués à tort

LES BUTS REFUSÉS À TORT

Au cours des 836 matches de Coupes du monde disputés depuis 1930 (761 depuis l'apparition de la télévision en 1954), certains buts ont été refusés par un arbitre mal inspiré. Avec le recours à l'assistance vidéo (VAR), ces buts auraient été accordés. Le résultat de certains matches aurait donc été tout autre. Et le palmarès de la Coupe du monde serait évidemment différent.

HONGRIE / ALLEMAGNE (2-3)

LE 4 JUILLET 1954 À BERNE

Le but de Puskás était valable

1 - LES FAITS

Avec un troisième but, les Allemands viennent de prendre l'avantage à la 84e minute dans cette finale à rebondissement où ils étaient menés 0-2 après 8 minutes. De retour sur les terrains après avoir manqué le quart (Brésil, 4-2) et la demi-finale (Uruguay, 4-2 après prolongation), Ferenc Puskás, le capitaine hongrois, file vers le but allemand sur une passe de Zoltan Czibor, distance Werner Liebrich (qui l'avait blessé lors de Hongrie-Allemagne, 8-3, au premier tour) et bat Anton Turek d'une frappe croisée. L'arbitre anglais, M. Ling, accorde le but avant de se raviser car le juge de touche gallois, Mervyn Griffiths, habituellement arbitre principal, garde son drapeau levé.

2 - CE QUE DIT LA VIDÉO

Alors que les Hongrois fêtent ce but égalisateur à 3-3, les Allemands montrent le juge de touche gallois, bras levé, signalant un hors-jeu, et invitent l'arbitre anglais à suivre son avis, ce qu'il fait rapidement. Le commentateur allemand se réjouit immédiatement de cette décision alors que son homologue hongrois s'en désole des sanglots dans la voix. Sur le plan large, on voit clairement un défenseur allemand sur la même ligne que Puskás puis un autre venir sur la droite qui pourrait également le couvrir. Mais les moyens technologiques de l'époque ne permettent pas de juger la position de Ferenc Puskás au départ du ballon. Beau joueur, le capitaine hongrois va quand même féliciter Fritz Walter, son homologue allemand, après la remise du trophée même s'il a estimé plus tard que son but était valable.

3 - LES CONSÉQUENCES

À 3-3, on aurait probablement eu droit à une prolongation sur la pelouse du Wankdorf de Berne. Mais ce but refusé à Ferenc Puskás à 4 minutes de la fin du temps réglementaire a rajouté, deux minutes après le 3e but allemand, un coup sur la tête des favoris hongrois vraiment pas vernis. À la 26e minute, Nandor Hidegkuti avait vu sa frappe repoussée par le poteau droit du but allemand et, à la 57e, une tête de Sandor Kocsis (11 buts dans le tournoi) avait été renvoyée par la transversale... Il y aura bien une ultime occasion magyare à la 90e minute mais la frappe à bout portant de Zoltan Czibor sera renvoyée par un Turek héroïque sur sa ligne. Maudits jusqu'au bout, les Hongrois.

Coupe du monde 1954

SUISSE

du 16 juin au 4 juillet 1954

Ferenc Puskás inscrit le but égalisateur contre l'Allemagne (3-3), d'abord validé par l'arbitre puis refusé dans un second temps.

BRÉSIL / FRANCE (5-2)

LE 24 JUIN 1958 À SOLNA

Coupe du monde 1958
SUÈDE
du 8 juin au 29 juin 1958

Barre rentrante pour Zagallo

1 - LES FAITS

Un but de l'inévitable Just Fontaine, le premier encaissé par la Seleçao dans cette Coupe du monde, permet aux Français de revenir à la hauteur des Brésiliens (1-1) après 8 minutes de jeu en demi-finale. Sur une nouvelle offensive des Auriverde, Vavá fixe la défense française, Pelé feinte un tir et le ballon arrive jusqu'à Zagallo, sur la gauche, dont la frappe rebondit sur la barre puis sur la pelouse ; le gardien Abbes est perdu mais Jean-Jacques Marcel, qui a suivi, peut dégager.

2 - CE QUE DIT LA VIDÉO

Après avoir touché le dessous de la barre transversale, le ballon rebondit une première fois derrière la ligne de but mais, avec l'effet, revient devant puis est dégagé par la défense française. M. Griffiths, l'arbitre gallois, aurait dû accorder ce but à Mario Zagallo. Ce n'est d'ailleurs pas la vidéo mais la technologie sur la ligne de but (adoptée pour la Coupe du monde 2014) qui aurait pu aider l'arbitre à l'époque...

3 - LES CONSÉQUENCES

La Seleçao a dû attendre la blessure de Robert Jonquet (à la 34e minute) pour reprendre l'avantage, 2-1 (Didi, 39e). En supériorité numérique (puisque Jonquet a été victime d'une double fracture du péroné), elle a pu creuser l'écart grâce à un triplé du jeune Pelé. Mais le doute subsiste encore aujourd'hui sur l'issue de cette demi-finale si elle s'était jouée en intégralité à onze contre onze ! Le fait que le Brésil aurait dû mener 2-1 dès la 14e minute apporte un élément de réponse...

CAMEROUN / PÉROU (0-0)

LE 15 JUIN 1982 À LA COROGNE

Coupe du monde 1982
ESPAGNE
du 13 juin au 11 juillet 1982

Milla n'était pas hors-jeu

1 - LES FAITS

Pour son 1er match en phase finale de Coupe du monde, le Cameroun se mesure au Pérou, qui avait atteint le deuxième tour en 1978. Les Sud-Américains dominent copieusement le début de match mais se heurtent à une défense des Lions vraiment indomptables à l'image du gardien Thomas Nkono. L'entraîneur français Jean Vincent mise quant à lui sur la contre-attaque. En fin de première période, Roger Milla récupère un ballon à 30 mètres du but péruvien et réussit à merveille un une-deux (sans doute avec Ephrem Mbom, les images ne sont pas formelles). Alors âgé de 30 ans, le « jeune » Milla catapulte le ballon au fond des filets de Ramon Quiroga mais M. Woehrer, l'arbitre autrichien, refuse le but pour hors-jeu.

2 - CE QUE DIT LA VIDÉO

Roger Milla sollicite le une-deux dans la profondeur et, même si son compatriote pivote sur lui-même avant de lui redonner le ballon, il n'est pas en position de hors-jeu au départ de la passe. On peut avoir un doute dans l'axe, là où se crée la brèche, mais les deux latéraux péruviens, eux, couvrent Roger Milla. M. Woehrer n'aurait pas dû refuser ce but au Cameroun.

3 - LES CONSÉQUENCES

Avec un ce court avantage d'un but à la mi-temps, les Lions indomptables n'étaient pas certains de battre les Péruviens. Mais vu comment ils ont su préserver le 0-0 malgré la pression mise par les Sud-Américains tout au long de la deuxième période, notamment, en fin de match, on peut facilement conclure que les Camerounais auraient gagné. Si on transpose ce résultat brut au classement final de ce groupe, ça signifie que les compatriotes de Roger Milla seraient allés au deuxième tour aux dépens de... l'Italie, qui n'aurait donc pas gagné la Coupe du monde cette année-là !

BRÉSIL / ESPAGNE (1-0)

LE 1ER JUIN 1986 À GUADALAJARA

Coupe du monde 1986
MEXIQUE
du 31 mai au 29 juin 1986

Michel frustré

1 - LES FAITS

Le score est toujours de 0-0 entre la Seleçao et la Roja lorsque débute la deuxième période de ce match de groupe. Sur un corner frappé par Victor Munoz, le défenseur Maceda remet, de la tête, en retrait pour Michel. Le milieu de terrain du Real Madrid enchaîne contrôle de la poitrine et frappe en demi-volée : le ballon file dans la lucarne, touche le dessous de la transversale du gardien Carlos, rebondit dans le but et ressort sans que M. Bambridge, l'arbitre australien de ce choc du premier tour, ne valide le but.

2 - CE QUE DIT LA VIDÉO

Alors que Edinho, le capitaine de la Seleçao, a poussé le ballon en corner, plusieurs joueurs espagnols se précipitent sur l'arbitre australien, qui refuse de revoir sa décision. Les images sont pourtant claires : le ballon rebondit bien derrière la ligne après qu'il ait heurté le dessous de la transversale du but brésilien. Carlos était battu et M. Bambridge aurait dû valider ce but.

3 - LES CONSÉQUENCES

Comme le Brésil l'a finalement emporté (1-0, but de Socrates, 62e), l'Espagne aurait pu s'en tirer au moins avec un résultat nul. Ça n'aurait pas changé grand-chose quant aux noms des qualifiés de ce groupe D pour la suite de la compétition puisque la Seleçao comme la Roja sont allées en huitièmes de finale. Mais le 1er du groupe (Brésil) était opposé à un meilleur 3e (Pologne, qu'il a battu 4-0) alors que le 2e (Espagne) était opposé au... 1er du groupe E, le Danemark, qui a explosé 1-5 (quadruplé de Butragueno). Un résultat inattendu qui a donné raison aux Allemands de laisser filer leur dernier match de poule (perdu contre le Danemark, 0-2) pour éviter l'Espagne en huitièmes de finale. Un tel calcul n'aurait pas été possible en cas de résultat nul entre la Seleçao et la Roja...

CAMEROUN / CHILI (1-1)

LE 23 JUIN 1998 À NANTES

FRANCE 98
WORLD CUP

Coupe du monde 1998
FRANCE
du 10 juin au 12 juillet 1998

Aucune faute de la part de Mboma

1 - LES FAITS

À peine Patrick Mboma vient-il d'égaliser (56e) contre le Chili de Salas et Zamorano, en reprenant de la tête un centre de François Omam-Biyik, qu'il repart à l'assaut du but de Nelson Tapia. Sur une ouverture de Joseph-Désiré Job, Mboma remet de la tête pour Omam-Biyik, qui propulse instantanément le ballon au fond des filets chiliens. Mais dans ce match du groupe B, M. Vagner, arbitre hongrois, refuse le but pour une prétendue faute de Mboma.

2 - CE QUE DIT LA VIDÉO

C'est vrai que le coup de sifflet de M. Vagner intervient avant qu'Omam-Biyik ne frappe le ballon qui finit au fond des filets adverses. Il ne peut pas y avoir de discussion là-dessus. Mais l'appréciation de la faute de Mboma, elle, prête à débat. L'ancien avant-centre du PSG s'élève plus haut que Ronald Fuentes et Pedro Reyes. Il se sert de ses bras pour accompagner l'impulsion, comme Fuentes, mais ne commet aucune faute. L'arbitre hongrois a donc commis une erreur en refusant ce but.

3 - LES CONSÉQUENCES

Avec un score nul, le Chili s'est qualifié pour les huitièmes de finale. Mais, à 2-1 pour les Lions indomptables, c'est le Cameroun qui passait. Bien sûr, l'équipe africaine était réduite à dix depuis l'expulsion de Rigobert Song à la 51e minute. Mais elle a été capable de mettre jusqu'au bout le Chili en difficulté alors qu'elle était en infériorité numérique. Il lui aurait été plus facile de serrer les rangs en défense et laisser venir la formation sud-américaine s'il y avait la qualification au bout... Il demeure néanmoins peu probable que le Cameroun ait réédité dans cette Coupe du monde la performance de 1990 car il serait tombé en huitièmes de finale sur un Brésil irrésistible (et qui a dominé le Chili, 4-1).

ITALIE / CROATIE (1-2)

LE 8 JUIN 2002 À IBARAKI

Coupe du monde 2002
CORÉE DU SUD ET JAPON
du 31 mai au 30 juin 2002

Une remise « Vieri well »

1 - LES FAITS

Alors que les deux équipes sont à 0-0 à la mi-temps, les Italiens poussent en début de deuxième période : Cristiano Doni sert dans la profondeur Gianluca Zambrotta qui, du bout du pied, dévie le ballon au deuxième poteau où surgit Christian Vieri pour marquer de la tête. L'assistant de M. Poll, l'arbitre anglais, lève son drapeau et le but est refusé.

2 - CE QUE DIT LA VIDÉO

Sur l'ouverture de Doni, Zambrotta n'est pas hors-jeu car il est couvert par le replacement tardif de Josip Simunic. Et, sur la remise du joueur de la Juventus, « Bobo » Vieri, qui part dans le dos de Simunic, est sur la même ligne que le défenseur croate. Il n'y a donc pas de hors-jeu et le but aurait dû être validé.

3 - LES CONSÉQUENCES

Ce n'est que partie remise pour Christian Vieri qui marquera quelques minutes plus tard son troisième but en 2 matchs (de poule) mais l'Italie se fait piéger en fin de match (1-2, buts de Olic, 73e et Rapaic, 76e) et devra se contenter de la deuxième place du groupe G (derrière le Mexique) qui lui vaudra de quitter le Japon pour aller affronter la Corée du Sud, pays organisateur, chez elle en huitième de finale. Or, en cas de victoire sur les Croates, les Italiens auraient terminé premiers de la poule même avec le résultat nul face aux Mexicains (1-1) qui a clos leur premier tour.

ITALIE / MEXIQUE (1-1)

LE 13 JUIN 2002 À OITA

Coupe du monde 2002
CORÉE DU SUD ET JAPON
du 31 mai au 30 juin 2002

Quand ça veut pas ça veut pas

1 - LES FAITS

Dans l'obligation de gagner après leur défaite face aux Croates (1-2), les Italiens alignent un trio d'attaque Totti-Vieri-Inzaghi (titularisé pour la première fois). Sur une passe en profondeur de Totti plein axe, Inzaghi ne laisse aucune chance au gardien mexicain Oscar Perez. Mais le but est refusé par M. Carlos Simon, l'arbitre brésilien, pour hors-jeu.

2 - CE QUE DIT LA VIDÉO

Si Christian Vieri apparaît légèrement au-delà de la ligne de défense mexicaine, « Pippo » Inzaghi est couvert au moment où il reçoit le ballon de Totti et la position de Vieri n'a aucune influence sur le déroulement de l'action du but. M. Carlos Simon aurait donc dû accorder ce but.

3 - LES CONSÉQUENCES

Les Italiens se voient refuser à tort un autre but pour hors-jeu, marqué par le remplaçant Vicenzo Montella, alors que le Mexique mène 1-0 (Borghetti, 34e). L'Italie n'arrache l'égalisation qu'à la 85e minute grâce à un but parfaitement valable d'Alessandro Del Piero, rentré en cours de match, et la qualification pour les huitièmes de finale grâce à... la défaite de la Croatie contre l'Équateur (0-1). Au cours de ce premier tour, les Azzurri de Giovanni Trapattoni se sont ainsi vu refuser 4 buts parfaitement valables !

BELGIQUE / BRÉSIL (0-2)

LE 17 JUIN 2002 À KOBE

Wilmots n'avait pas bousculé Roque Junior

1 - LES FAITS

On joue depuis 35 minutes dans ce huitième de finale lorsque le Belge Johan Walem adresse un centre parfait dans la surface de réparation brésilienne : Marc Wilmots s'élance, prend le dessus sur Roque Junior et, de la tête, catapulte le ballon au ras du poteau des buts de Marcos. M. Prendergast, l'arbitre jamaïcain, annule le but du capitaine des Diables rouges, ce qui provoque l'incompréhension (encore aujourd'hui) de tous les Belges.

2 - CE QUE DIT LA VIDÉO

Il se dégage une grande puissance sur l'impulsion de Marc Wilmots, qui prend le dessus sur Roque Junior alors qu'il est situé derrière le défenseur brésilien. Sur l'image inversée, on voit bien que l'attaquant belge ne fait pas faute sur son adversaire de la Seleçao. D'ailleurs, après le duel perdu, ce dernier reste debout ! M. Prendergast, devenu entre-temps instructeur pour la FIFA, persiste pourtant : « Aujourd'hui encore, je refuserai ce but », a-t-il déclaré au journal *Gazet van Antwerpen*. Un point de vue incompréhensible.

3 - LES CONSÉQUENCES

Bousculé par une Belgique qui évolue avec 3 attaquants et fixe ainsi les latéraux Cafu et Roberto Carlos, le Brésil a livré ce jour-là son match le plus compliqué dans cette Coupe du monde, de l'aveu même de son entraîneur, Luis Felipe Scolari (dans sa biographie). Ce n'est qu'à la 67e minute que Rivaldo parvient à tromper de Vlieger. Quant à Ronaldo, il ne marque le deuxième but brésilien qu'à la 87e ! Avec un but de handicap à la mi-temps, la Seleçao n'aurait peut-être pas franchi l'obstacle belge...

Si le but de Wilmots avait été validé en première période, il n'est pas certain que Ronaldo aurait eu l'occasion d'inscrire le deuxième but de son équipe à la 87e.

LE 18 JUIN 2002 À DAEJEON

Coupe du monde 2002
CORÉE DU SUD ET JAPON
du 31 mai au 30 juin 2002

Les Azzurri comme des bleus !

1 - LES FAITS

C'est le but en or qui doit départager l'Italie, réduite à dix par l'exclusion sévère de Totti (voir p.122), et la Corée du Sud, galvanisée par une égalisation à la 88e minute du temps réglementaire et le soutien de son public. Après un beau contrôle orienté, Christian Vieri effectue une ouverture sur la gauche pour Damiano Tommasi ; parti à la limite du hors-jeu, le milieu de terrain de la Roma efface le gardien Lee Won-jae et glisse le ballon au fond des filets coréens mais M. Byron Moreno, l'arbitre équatorien, suit l'avis de son assistant argentin, Jorge Rattalino, qui a levé son drapeau.

2 - CE QUE DIT LA VIDÉO

Réduite à dix à partir de la 103e minute, l'Italie procède en contre-attaque. Lorsque Vieri récupère le ballon, Tommasi est derrière lui et lorsque l'avant-centre de l'Inter Milan effectue sa passe, le milieu de la Roma est sur la même ligne que le dernier défenseur coréen. Il n'y a donc pas hors-jeu.

3 - LES CONSÉQUENCES

Il faut reconnaître à M. Rattalino, l'arbitre assistant de Byron Moreno, d'avoir levé immédiatement son drapeau. Du coup, le gardien Lee Won-jae ne va pas vraiment au duel avec Tommasi, qui marque sans encombre. Reste que cette action de but interrompue à tort renforce le sentiment des Italiens de s'être fait avoir lors de ce huitième de finale.

ESPAGNE / CORÉE DU SUD (0-0 tab 3-5)

LE 22 JUIN 2002 À GWANGJU

2002 FIFA WORLD CUP KOREA JAPAN

Coupe du monde 2002
CORÉE DU SUD ET JAPON
du 31 mai au 30 juin 2002

Joaquin-Morientes, c'était tout bon !

1 - LES FAITS

Sur une nouvelle accélération à l'entame de la deuxième période, l'ailier espagnol Joaquin déborde Lee Eul-yong (rentré dès la 32e minute) et adresse un centre aérien pour Fernando Morientes, dont la reprise de la tête termine au fond des filets sud-coréens. M. Gamal El Ghandour, l'arbitre égyptien, refuse le but car son assistant, M. Ragoonath (de Trinité-et-Tobago), signale que le ballon est sorti au moment du centre.

2 - CE QUE DIT LA VIDÉO

Le ballon est clairement sur la ligne au moment où le remuant Joaquin l'expédie à destination de Morientes. M. Ragoonath prétend que ce ballon, travaillé par l'attaquant espagnol, a franchi la ligne au cours de son déplacement vers l'avant-centre du Real Madrid, mais ce dernier est clairement en retrait au moment où Joaquin centre. De plus, la position de son pied ne laisse aucun doute sur la trajectoire de ce centre. Le but est donc parfaitement valable et M. Gamal El Ghandour aurait dû accorder l'avantage à l'Espagne dans ce huitième de finale en Corée du Sud.

3 - LES CONSÉQUENCES

Même si la Corée du Sud avait su renverser la situation contre l'Italie (de 0-1 à 2-1 but en or) au cours de la prolongation au tour précédent, on peut penser que c'est l'Espagne qui aurait gagné le droit d'affronter l'Allemagne de Michael Ballack en demi-finale. D'autant plus que les Espagnols ont ensuite touché le poteau et vu une occasion de but en prolongation refusée pour un hors-jeu inexistant. Les Sud-Coréens, surmotivés par le soutien de leur public, sont donc passés aux tirs au but (5 à 3, malgré le talent d'Iker Casillas). Dans « son » Mondial (co-organisé avec le Japon), la Corée du Sud a réussi un parcours dont la régularité éveille encore aujourd'hui de sérieux soupçons.

FRANCE / CORÉE DU SUD (1-1)

LE 18 JUIN 2006 À LEIPZIG

Vieira avait bien marqué

1 - LES FAITS

Un but de Thierry Henry dès la 9e minute permet aux Bleus de rapidement prendre leurs distances avec les Coréens (du Sud). Après une demi-heure de jeu, un corner de Zinédine Zidane leur donne l'occasion de faire le break : Patrick Vieira reprend le ballon au premier poteau et l'expédie dans le cadre ; le gardien Lee Won-jae intervient d'une main ferme mais en déséquilibre arrière. L'arbitre mexicain, M. Archundia, estime que le ballon n'a pas franchi la ligne et accorde même un coup franc à la Corée du Sud pour une faute de Malouda sur Lee Ho.

2 - CE QUE DIT LA VIDÉO

Sur le puissant coup de tête de Patrick Vieira, le gardien coréen repousse le ballon de la main, au niveau du genou, mais il est en arrière sur ses appuis et son pied droit est clairement derrière la ligne. Il ne fait aucun doute que le ballon a franchi la ligne et que M. Archundia aurait dû accorder ce but au milieu de terrain de la Juventus Turin.

3 - LES CONSÉQUENCES

Rejoint en fin de match par la Corée du Sud (Park Ji Sung, 81e), la France enchaîne un deuxième résultat nul d'affilée (après le 0-0 contre la Suisse) et se retrouve dans l'obligation de battre le Togo lors du dernier match de poule, sans Zinédine Zidane, son capitaine, suspendu à la suite d'un deuxième carton jaune. Si les Bleus s'étaient imposés, ils se seraient épargnés le stress d'un match couperet (gagné 2-0 contre le Togo) mais auraient surtout pu terminer en tête de leur groupe et éviter l'Espagne dès les huitièmes de finale. Quant à M. Archundia, l'arbitre mexicain, il a poursuivi sa mission dans cette Coupe du monde et s'est même vu attribuer l'arbitrage de la demi-finale Allemagne-Italie (0-2).

Coupe du monde 2006
ALLEMAGNE
du 9 juin au 9 juillet 2006

Sur le puissant coup de tête de Patrick Vieira, le gardien coréen repousse le ballon de la main, au niveau du genou, mais derrière la ligne.

SLOVÉNIE / ÉTATS-UNIS (2-2)

LE 18 JUIN 2010 À JOHANNESBURG

Seul Edu n'avait pas fait faute

1 - LES FAITS

Menés 2-0 à la mi-temps à Ellis Park de Johannesburg, les États-Unis reviennent à égalité en deuxième période grâce à des réalisations de Landon Donovan (48e) et Michael Bradley (82e). Il reste quelques secondes à jouer lorsque Donovan expédie dans la surface de réparation slovène un coup franc bien dosé que le remplaçant Maurice Edu catapulte au fond des filets de Samir Handanovic. L'arbitre malien, M. Coulibaly, refuse le but pour une faute de l'Américain Hercules Gomez.

2 - CE QUE DIT LA VIDÉO

Sur le coup franc de Donovan, il y a en effet une sacrée foire d'empoigne dans la surface de réparation mais les fautifs sont plutôt slovènes qu'américains. Trois joueurs des États-Unis sont ceinturés alors que le buteur, Maurice Edu, se dégage du marquage sans commettre de faute. Le but était clairement valable et c'est ce qu'ont tenté d'expliquer plusieurs joueurs américains à l'arbitre malien. En vain.

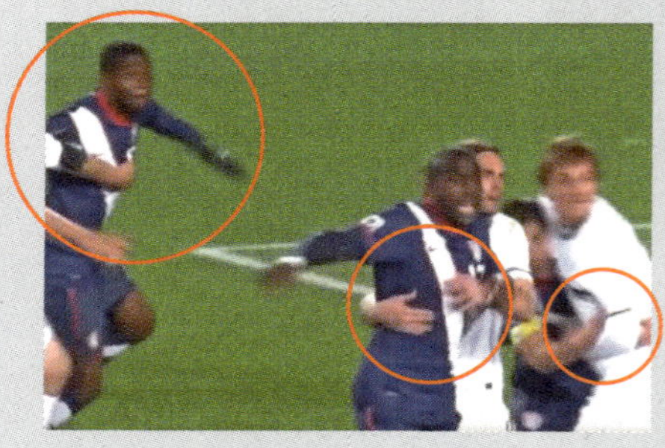

3 - LES CONSÉQUENCES

Avec seulement 2 points en 2 matchs (nuls, contre l'Angleterre, 1-1, puis la Slovénie, 2-2), les États-Unis sont dans l'obligation de remporter leur dernier match, contre l'Algérie à Pretoria, et Bob Bradley dans l'impossibilité de faire tourner son effectif et de laisser au repos ses vedettes dans la perspective des huitièmes de finale... que les Américains joueront quand même, face au Ghana, sans parvenir à atteindre les quarts.

Déveine américaine

1 - LES FAITS

Dans l'obligation de gagner pour accéder aux huitièmes de finale sans tenir compte du résultat d'Angleterre-Slovénie, les États-Unis attaquent d'entrée et poussent l'Algérie dans ses retranchements sur la pelouse du Loftus Versfeld de Pretoria. À la suite d'une frappe repoussée par le gardien Raïs M'Bolhi, Hercules Gomez remet le ballon au deuxième poteau où Clint Dempsey, démarqué, le pousse sans difficulté dans les filets. Mais l'arbitre belge, M. de Bleeckhere, refuse le but pour hors-jeu.

2 - CE QUE DIT LA VIDÉO

L'attaquant de Fulham, le polyvalent Clint Dempsey n'est pas hors-jeu au moment où Hercules Gomez, dont le premier tir a été repoussé par Raïs M'Bolhi, effectue un centre-tir au deuxième poteau : il est couvert par l'Algérien Anthar Yahia. Les joueurs américains protestent mollement car on est en début de match mais Bob Bradley, le sélectionneur des États-Unis, affiche une colère froide. Le but aurait dû être accordé.

3 - LES CONSÉQUENCES

Faute d'avoir marqué rapidement, les Américains courent après la victoire pendant 90 minutes. Cette débauche d'énergie sera quand même récompensée malgré la courageuse défense des Algériens entraînés alors par Rabah Saadane. Ce n'est que dans les arrêts de jeu que les Américains arrachent le but de la qualification grâce à l'inévitable Landon Donovan. Ils paieront ses efforts par un manque de fraîcheur et de lucidité en huitième de finale face au Ghana.

ANGLETERRE / ALLEMAGNE (1-4)

LE 27 JUIN 2010 À BLOEMFONTEIN

Lampard avait bien battu Neuer

1 - LES FAITS

Matthew Upson vient de ramener les Anglais à 1-2 (but de la tête suite à un corner) à 8 minutes de la mi-temps de ce beau huitième de finale à Bloemfontein lorsque Jermain Defoe fonce plein axe dans la défense allemande. Son ballon, contré par Arne Friedrich, revient sur Frank Lampard qui frappe instantanément. Le tir du milieu de terrain de Chelsea tape le dessous de la transversale, rebondit sur la pelouse, puis retouche la transversale avant d'être dégagé rapidemement par le gardien allemand Manuel Neuer sans que M. Larrionda, l'arbitre uruguayen, ne désigne le rond central.

2 - CE QUE DIT LA VIDÉO

Après avoir touché la transversale, le ballon rebondit sur la pelouse clairement derrière la ligne de but puis retouche la transversale. Lampard lève les bras au ciel et Fabio Capello, le sélectionneur de l'Angleterre, serre les poings mais l'arbitre uruguayen reste inflexible. Le fait que le ballon retouche la transversale après avoir rebondi dans le but lui a probablement fait croire que la ligne n'avait pas été franchie.

3 - LES CONSÉQUENCES

En égalisant à 2-2 peu avant la mi-temps, à un moment stratégique, les Anglais seraient rentrés au vestiaire pleins de confiance et les jeunes Allemands auraient pu douter. Ces derniers avaient perdu contre les Serbes au premier tour alors que les Anglais étaient invaincus. Sans l'obligation de courir après le score (52% de possession anglaise, 9 frappes cadrées contre 7, 6 corners à 4), les coéquipiers de Frank Lampard et Steven Gerrard auraient pu mieux gérer la deuxième période et ne pas s'exposer aux contres allemands qui ont permis à Thomas Müller de faire le break en 3 minutes (67e et 70e). On aurait assisté à un tout autre match.

Coupe du monde 2010
AFRIQUE DU SUD
du 11 juin au 11 juillet 2010

L'INTOX DE NEUER

M. Larrionda, l'arbitre uruguayen, a également pu être abusé par le comportement de Manuel Neuer. Le gardien du Bayern Munich a d'ailleurs admis après le match qu'il y était allé de son petit coup d'intox : « J'ai capté le ballon et vite relancé. Si j'avais regardé à droite ou à gauche, peut-être que cela aurait fait réfléchir l'arbitre. J'ai sûrement contribué à ce que le but ne soit pas validé. » Pas vraiment fair-play mais de bonne guerre entre deux pays qui avaient, dans ce registre, un sérieux antécédent à régler depuis la finale de la Coupe du monde 1966.

Ce but refusé contre les Allemands vaut à Frank Lampard un triste « record » : 0 but sur 40 tentatives en 10 matches de phase finale de Coupe du monde (2006, 2010 et 2014).

LAHM
16

Un hors-jeu imaginaire

1 - LES FAITS

Dans le groupe de l'organisateur brésilien (vainqueur des Croates, 3-1, en ouverture), Mexicains et Camerounais ne peuvent pas laisser de points en route s'ils veulent accéder aux huitièmes de finale. « El Tri » prend le contrôle des opérations face à des Lions indomptables sur la défensive. Suite à une touche de Paul Aguilar, Hector Herrera centre pour Giovani dos Santos qui échappe à la vigilance de la défense camerounaise et bat Charles Itandje d'une reprise nette. Mais M. Roldan, l'arbitre colombien, refuse le but pour hors-jeu.

2 - CE QUE DIT LA VIDÉO

Au départ du ballon d'Aguilar, Giovani dos Santos est dans une position parfaitement régulière. L'ancien attaquant du Barça est sur la même ligne que les défenseurs Djeugoué et Nkoulou ; selon le révélateur, il est également couvert par Aurélien Chedjou, qui est lui au marquage d'Oribe Peralta. Ce but mexicain aurait donc dû être validé par l'arbitre colombien.

3 - LES CONSÉQUENCES

Mené 1-0 dès le début du match, le Cameroun aurait dû changer de stratégie même si le Mexique est une équipe qui a l'habitude de faire le jeu. L'impact de cette erreur d'arbitrage sur le résultat final est minime puisque « El Tri » l'emportera quand même grâce à un but de l'inévitable Peralta à l'heure de jeu. La physionomie de la rencontre aurait néanmoins été différente.

BOSNIE / NIGERIA (0-1)

LE 21 JUIN 2014 À CUIABA

FIFA WORLD CUP Brasil

Coupe du monde 2014
BRÉSIL
du 12 juin au 13 juillet 2014

Dzeko était couvert

1 - LES FAITS

Dans un groupe où l'Argentine de Messi compte déjà deux victoires, cette rencontre est une véritable finale pour la deuxième place qualificative. Battus en ouverture par les Argentins, les Bosniens prennent le jeu à leur compte. Sur un ballon en profondeur de Miralem Pjanic, prolongé par Zvjezdan Misimovic, Edin Dzeko échappe au défenseur nigerian Ambrose et devance la sortie du gardien Enyeama pour marquer. Mais M. O'Leary, un arbitre de Nouvelle-Zélande, refuse le but pour hors-jeu.

2 - CE QUE DIT LA VIDÉO

Sur la passe en profondeur de Pjanic, Dzeko est sur la même ligne que les défenseurs nigérians. Mais alors que Joseph Yobo monte sur Misimovic, Efe Ambrose fait un pas en arrière et couvre Dzeko au moment de la passe en profondeur de Misimovic : il n'y a donc pas de position de hors-jeu de l'avant-centre bosnien et M. O'Leary n'aurait pas dû refuser ce but.

3 - LES CONSÉQUENCES

Le compteur de la Bosnie-Herzégovine reste à 0 alors que le Nigeria va marquer (Peter Odemwingie, 29e) et empocher les 3 points. Avec ce but de Dzeko, la Bosnie-Herzégovine n'aurait pas été éliminée dès la deuxième journée (elle a ensuite battu l'Iran 3-1) et son Mondial se serait peut-être prolongé en huitième de finale contre... l'équipe de France. Le Nigeria, qui devait encore affronter l'Argentine (défaite 2-3), aurait été éliminé.

BRÉSIL / CHILI

(1-1, 3-2 tab)

LE 28 JUIN 2014 À BELO HORIZONTE

Hulk contrôle des pecs, pas de la main

1 - LES FAITS

Alexis Sanchez (32e) a répliqué à David Luiz (18e) et les deux équipes sont à égalité à la mi-temps. Les débats reprennent avec énergie sur la pelouse du Mineirao pour une place en quart de finale. À la 55e minute, sur une ouverture de David Luiz, Hulk réceptionne le ballon à l'entrée de la surface de réparation, côté droit, et enchaîne avec une frappe à moitié manquée de l'extérieur du pied gauche dont l'effet trompe le gardien chilien. M. Howard Webb, l'arbitre anglais (de la finale de la Coupe du monde 2010), refuse le but et adresse un avertissement à l'attaquant brésilien.

2 - CE QUE DIT LA VIDÉO

Les pectoraux hypertrophiés de Hulk lui permettent de réaliser ce spectaculaire contrôle de la poitrine sans s'aider de la main. De sa position, M. Webb a pu se laisser abuser par le mouvement de bras, inévitable pour l'équilibre, de l'attaquant brésilien. L'arbitre anglais prétend avoir suivi la décision de son assistant mais ce dernier ne voyait, depuis la touche, que le dos très large de l'attaquant brésilien. Sur les images prises par les caméras derrière le but, on voit bien que Hulk ne s'aide pas de la main et que le but aurait dû être validé. Le carton jaune attribué en supplément par M. Webb provoque d'ailleurs l'incompréhension totale du camp brésilien.

3 - LES CONSÉQUENCES

Le score restant de parité, la Seleçao doit redoubler d'efforts pour arracher sa qualification en quart de finale. Bousculés par les Chiliens jusqu'aux tirs au but (remportés 3 à 2 par les Brésiliens), les coéquipiers de Hulk laissent dans cette rude bataille un influx colossal. Cette débauche d'énergie aura évidemment des répercussions aux tours suivants, notamment lors de la fameuse demi-finale perdue contre l'Allemagne (1-7), où ils ont fait preuve d'un manque de ressort athlétique et psychologique désastreux.

Coupe du monde 2014
BRÉSIL
du 12 juin au 13 juillet 2014

Gonzala Jara manque son dernier tir au but et envoie la Seleçao, folle de joie, tout droit vert les quarts de finale.

LES BUTS ACCORDÉS À TORT

Parmi les 2379 buts marqués au cours des 20 éditions de la Coupe du monde (2067 depuis 1954), certains n'auraient pas dû être accordés. Souvent parce qu'il y avait un hors-jeu. Ou bien parce que le but était entaché d'une faute (de main par exemple). Ou encore parce que le ballon n'avait pas franchi la ligne. Si ce dernier cas est résolu depuis 2014 par la technologie sur la ligne de but, l'assistance vidéo à l'arbitrage (VAR) aurait permis de ne pas valider certains buts.

Coupe du monde 1966
ANGLETERRE
du 11 juillet au 30 juillet 1966

La main allemande aurait dû être sifflée

1 - LES FAITS

La finale à Wembley touche à sa fin et les Anglais mènent 2-1 depuis un but de Martin Peters à la 78e minute. Les Allemands poussent pour arracher l'égalisation et obtiennent un coup franc généreux pour une prétendue faute du défenseur Jack Charlton sur Wolfgang Overath. Frappé en force, ce coup franc amène une situation dangereuse devant le but de Gordon Banks : présent au deuxième poteau sur un ballon non dégagé par la défense anglaise, Wolfgang Weber, le défenseur du FC Cologne, pousse le ballon au fond des filets ; M. Dienst, l'arbitre suisse, valide le but et envoie les 22 acteurs en prolongation.

2 - CE QUE DIT LA VIDÉO

Les grands défenseurs allemands sont montés sur le coup franc et ils sont toujours à l'affût lorsque le 2e ballon est remis par Sigi Held devant le but anglais. Le ballon, fort, est amorti (et légèrement dévié) au moment où il arrive dans les pieds de Weber : au passage, il a été touché par la main du défenseur allemand Karl-Heinz Schnellinger. Cette main n'est pas intentionnelle mais elle influe directement sur le jeu. M. Dienst aurait donc dû refuser ce but et siffler le terme de cette finale sur un succès anglais dans le temps réglementaire.

3 - LES CONSÉQUENCES

Une demi-heure supplémentaire pour tout le monde ! En acceptant ce but de Schnellinger, l'arbitre suisse ouvre la porte à une prolongation pleine d'incertitudes pour les joueurs (c'est la dernière en Coupe du monde sans remplacements en cours de partie) comme pour lui. Sa prestation déjà médiocre s'avérera calamiteuse lors de l'extra-time.

FINALE

ANGLETERRE / ALLEMAGNE (4-2)

LE 30 JUILLET 1966 À LONDRES

Coupe du monde 1966
ANGLETERRE
du 11 juillet au 30 juillet 1966

Le plus célèbre des buts fantômes

1 - LES FAITS

Les Anglais poussent au cours de la prolongation de cette finale à Wembley. Ils viennent de toucher le poteau allemand. Sur une énième montée d'Alan Ball, le ballon arrive dans les pieds de l'arrière droit George Cohen qui centre devant le but de Hans Tilkowski. Geoff Hurst, l'avant-centre, contrôle après le rebond et enchaîne avec une frappe en pivot, puissante, qui rebondit sous la transversale puis sur la ligne du but allemande avant d'être dégagée de la tête par Wolfgang Weber en corner. L'arbitre suisse, M. Dienst, consulte son juge de touche, le Soviétique Bakhramov, et accorde le but malgré les protestations allemandes.

2 - CE QUE DIT LA VIDÉO

Tout le monde lève les bras dès la sortie (en corner) du ballon ! Roger Hunt, aux premières loges, et les Anglais pour crier victoire ; Willi Schulz et les Allemands pour signaler qu'il n'y a pas but ; les arbitres pour indiquer le rond central. Il faut rappeler que, selon les lois du jeu de la FIFA (loi 10), la sphère doit avoir entièrement franchi la ligne (de 12 cm) pour qu'il y ait but. Dans ce cas, on voit le ballon taper sous la transversale, puis sur la ligne de but avant de ressortir. De nombreuses études ont été réalisées sur le sujet. En 1995, deux chercheurs de l'université d'Oxford ont conclu que l'ensemble du ballon n'avait pas franchi la ligne, qu'il manquait 6 cm. À l'évidence, il n'y a pas but. Mais il faut noter que ce genre de litige est désormais réglé par la technologie sur la ligne de but (goal line technology), adoptée par la FIFA pour la Coupe du monde 2014 au Brésil, et non par l'assistance vidéo à l'arbitrage (VAR).

3 - LES CONSÉQUENCES

En reprenant l'avantage (à 3-2) lors de cette fameuse 101e minute, les Anglais ont fait le plus dur et ils peuvent laisser venir les Allemands et procéder en contre, ce qui permet à Geoff Hurst de marquer un dernier but à la 120e minute (le seul triplé en finale de Coupe du monde). À 2-2, ç'aurait été une toute autre histoire ! Et les Allemands avaient déjà démontré au cours de cette finale un sacré tempérament pour arracher la prolongation même si leur égalisation était entachée d'une faute (voir ci-contre). Pour eux, cette finale de Wembley est toujours « le vol du siècle ». Reste que la victoire de l'Angleterre dans « sa » Coupe du monde est plutôt logique au vu du contenu de cette ultime rencontre.

FINALE

ANGLETERRE / ALLEMAGNE (4-2)

LE 30 JUILLET 1966 À LONDRES

La mine déconfite du gardien allemand Hans Tilkowski, voilà sur quoi s'est basé le juge de touche soviétique Bakhramov pour indiquer que le ballon avait franchi la ligne d'« environ 20 centimètres » à la 101e minute de la finale !

Coupe du monde 1966
ANGLETERRE
du 11 juillet au 30 juillet 1966

UNE CASCADE D'ERREURS

Que d'encre a fait couler ce but de Wembley ! Le soir même de la finale, lors du dîner de gala, M. Dienst (décédé en 1998) a avoué : « J'étais assez loin du but, à 20 mètres environ. Il m'a semblé que la balle franchissait la ligne mais je n'aurais sans doute pas accordé ce but si je n'avais vu mon juge de touche (de droite) esquisser un pas vers le centre du terrain. Je l'ai donc consulté et il a été affirmatif : il m'a montré que le ballon avait rebondi au sol 20 centimètres environ derrière la ligne de but. » Bien des années plus tard, M. Bakhramov (décédé en 1993 à Bakou où l'ancien stade Lénine porte désormais son nom) était beaucoup moins catégorique : « J'ai vu l'Anglais Hunt lever les bras après le tir de Hurst. Et le gardien allemand faisait une mine de six pieds de long. Rien que cela laissait supposer qu'il y avait but. »
Même le héros de la finale a fini par être atteint, lui aussi, par une certaine résignation : « Après avoir écouté maintes fois tous les arguments et regardé le ralenti des centaines de fois à la télé, je dois reconnaître que le ballon n'a probablement pas franchi la ligne, a confié Geoff Hurst en 2002. Cette polémique me poursuivra jusque dans la tombe. »

URUGUAY / URSS (1-0)

LE 14 JUIN 1970 À MEXICO

Coupe du monde 1970
MEXIQUE
du 31 mai au 21 juin 1970

Le ballon était sorti

1 - LES FAITS

Il reste 3 minutes à jouer dans la prolongation de ce quart de finale, sous le chaud soleil de Mexico, et le score est toujours de 0-0. Sur un coup franc joué depuis le camp uruguayen, prolongé de la tête par Alberto Gomez, Luis Cubilla, l'attaquant du Nacional Montevideo, essaie de déborder le long de la ligne de but mais il se heurte au Soviétique Valentin Afonine, qui accompagne le ballon en sortie. Cubilla parvient quand même à lui arracher ce ballon entre les jambes et il centre instantanément pour le remplaçant Victor Esparrago, qui marque de la tête le but de la qualification de la Celeste pour les demi-finales.

2 - CE QUE DIT LA VIDÉO

Avant même que le ballon ne soit au fond des filets de l'URSS, le gardien Kavazachvili, le successeur de Lev Yachine, lève les bras pour réclamer la sortie de but. Ses coéquipiers vont ensuite protester auprès de M. Van Ravens, l'arbitre néerlandais, et ils vont parlementer un bon moment avant d'accepter de reprendre la partie. Leur indignation est légitime. Au moment où Luis Cubilla vient titiller Afonine, ce ballon est déjà sur la ligne, presque sorti. Et lorsque l'attaquant du Nacional Montevideo parvient à « l'arracher », il le fait passer derrière la jambe du défenseur soviétique qui est lui-même sur la ligne. Ce ballon était bel et bien sorti hors des limites du terrain et M. Van Ravens n'aurait pas dû valider ce but.

3 - LES CONSÉQUENCES

1-0 à 3 minutes du terme de la prolongation dans ces conditions climatiques : c'était comme donner le coup de sifflet final ! Les Soviétiques sont dans l'incapacité physique de fournir les efforts nécessaires pour obtenir une égalisation. Ils sont d'autant plus fondés à crier à l'injustice qu'un but d'Anatoli Bychovets leur a été refusé plus tôt dans cette prolongation pour un hors-jeu qui n'y était pas. À défaut d'un score favorable à l'URSS, on aurait dû avoir une séance de tirs au but, la première de l'histoire (elle aura finalement lieu en 1982, entre la France et l'Allemagne). Et, même sans Yachine dans le but soviétique, on aurait été curieux de connaître le résultat...

BELGIQUE / URSS (4-3 ap)

LE 15 JUIN 1986 À LEON

Coupe du monde 1986
MEXIQUE
du 31 mai au 29 juin 1986

La bonne histoire belge

1 - LES FAITS

Les Soviétiques mènent logiquement à la mi-temps de ce huitième de finale grâce à un but d'Igor Belanov (Ballon d'Or 1986) et les Belges essaient de revenir. Sur un long centre de Franky Vercauteren, milieu gauche d'Anderlecht, Enzo Scifo part dans le dos d'Anatoly Demianenko, le capitaine de l'URSS, contrôle de l'intérieur du pied et devance la sortie du gardien Dassaev pour glisser le ballon au fond des filets. M. Fredriksson, l'arbitre suédois, valide le but.

2 - CE QUE DIT LA VIDÉO

Au moment où le ballon est frappé depuis la gauche du terrain par Franky Vercauteren, Enzo Scifo est déjà en avance sur la défense soviétique. Il bénéficie certes de l'erreur d'appréciation d'Anatoly Demianenko, qui est trop court pour intercepter de la tête cette ouverture, mais le jeune attaquant belge est à l'évidence en position de hors-jeu et ce but égalisateur (à 1-1) n'aurait pas dû être accordé par M. Fredriksson.

3 - LES CONSÉQUENCES

Rejoints au score, les Soviétiques doivent redoubler d'efforts pour reprendre l'avantage, ce qu'ils vont faire par Belanov (70e). Mais, là encore, les Belges reviennent à égalité grâce à un but de Jan Ceulemans (77e), également entaché d'un hors-jeu ! L'URSS s'inclinera au cours de la prolongation sur des buts, incontestables, de Stephane Demol et de Nico Claesen. Reste que sans les deux premiers buts accordés à tort aux Belges, les Soviétiques seraient allés en quart de finale contre l'Espagne de Butragueno et Michel, finalistes de l'Euro 84. Et peut-être au-delà...

ARGENTINE / ANGLETERRE (2-1)

LE 22 JUIN 1986 À MEXICO

La main de Dieu

1 - LES FAITS

Dans la fournaise de Mexico, les Argentins n'arrivent pas à déborder la défense anglaise et les deux formations atteignent la mi-temps sur le score de 0-0. À la 51e minute, Diego Maradona, à 20 mètres du but anglais, plein axe, sollicite son complice Jorge Valdano, l'avant-centre du Real Madrid. Steven Hodge intervient mais dévie le ballon en cloche vers son gardien Peter Shilton. Le n°10 argentin, qui a suivi, se précipite et devance le gardien anglais d'une courte tête… Le ballon achève sa course au fond des filets et M. Bennaceur, l'arbitre tunisien, valide le but de Maradona.

2 - CE QUE DIT LA VIDÉO

Pendant que les Argentins fêtent ce but, les joueurs anglais font part de leur indignation à M. Bennaceur. Peter Shilton se précipite pour expliquer qu'il n'a pas été battu à la régulière par le n°10 argentin, que celui-ci a mis le bras pour le devancer. Les images sont très claires et l'analyse immédiate. « El Pibe de Oro » (le gamin en or) s'aide du bras pour reprendre ce ballon mal dégagé par Steven Hodge. Ce but n'aurait donc pas dû être validé par l'arbitre tunisien.

3 - LES CONSÉQUENCES

Quatre minutes plus tard, Diego Maradona marque un autre but d'anthologie, au terme d'un slalom somptueux où il élimine 4 adversaires avant de battre le gardien Shilton. À 0-2, la mission devient impossible pour les Anglais. À 0-1, c'eût été très différent car les hommes de Bobby Robson ont su marquer en fin de match, par l'inévitable Gary Lineker (son 6e but dans le tournoi). On ne peut pas dire que les Anglais se seraient qualifiés même s'ils étaient montés en puissance au cours de cette Coupe du monde. Ce qui est certain, c'est que l'incroyable carrière de Maradona serait amputée d'un chapitre de légende : la main de Dieu.

Coupe du monde 1986
MEXIQUE
du 31 mai au 29 juin 1986

LA MAIN DE QUI ?

Quand on évoque le premier but de Diego Maradona dans ce quart de finale sensationnel, on parle de « la main de Dieu ». Mais d'où vient cette expression ? Du n°10 argentin en personne : « Ce but a été marqué en partie avec la tête de Maradona, en partie avec la main de Dieu ! » a-t-il déclaré après la rencontre. Par cette petite phrase, elle aussi restée dans l'histoire, « El Pibe de Oro » reconnaît que le but n'était pas tout à fait régulier. Faute avouée est à moitié pardonnée dit un proverbe populaire. Malgré l'injustice faite aux Anglais, Diego Maradona a su se faire pardonner immédiatement avec un deuxième but magique : un slalom de 50 mètres au cours duquel il élimine 4 joueurs anglais. Un chef-d'œuvre inoubliable pour se faire pardonner une tricherie mythique.

ITALIE / ARGENTINE (1-1)

LE 3 JUILLET 1990 À NAPLES

ITALIA'90

Coupe du monde 1990
ITALIE
du 8 juin au 8 juillet 1990

Double hors-jeu pour Schillaci

1 - LES FAITS

En demi-finale de « sa » Coupe du monde, l'Italie affronte l'Argentine dans un stade San Paolo d'ordinaire acquis à l'équipe de Diego Maradona. Sur une offensive des Azzurri menée par Fernando De Napoli, Gianluca Vialli, l'attaquant de la Sampdoria, sert Giuseppe Giannini, le «petit prince» de la Roma, qui, de la tête, prolonge vers Vialli dont la reprise de volée est renvoyée par le gardien argentin Goycochea. Surgi de nulle part, Salvatore Schillaci, l'avant-centre de la Juventus, pousse le ballon dans le but argentin et réussit sa cinquième réalisation dans la compétition. M. Vautrot, l'arbitre français, valide le but italien.

2 - CE QUE DIT LA VIDÉO

Il y a double position de hors-jeu de la part de Salvatore Schillaci. D'abord, au moment où Giannini prolonge de la tête, l'attaquant de la Juventus est au-delà de la ligne de défense argentine mais il est excentré et pas directement impliqué. Dans la seconde suivante, lorsque Gianluca Vialli effectue sa reprise de volée, Schillaci s'est recentré et s'apprête à faire action de jeu puisqu'il récupère ensuite le ballon repoussé par le gardien Goycochea. Le but italien est donc entaché d'une position de hors-jeu et M. Vautrot n'aurait pas dû l'accorder.

3 - LES CONSÉQUENCES

Bien mal acquis ne profite jamais... Les Azzurri vont gérer cet avantage petit bras, comme souvent, et se faire rejoindre en fin de match sur un but de Claudio Caniggia (67e), de la tête, le premier but encaissé par Walter Zenga dans cette Coupe du monde. Aux tirs au but, c'est l'Argentine qui passera. On peut toujours se dire que, sans cet avantage si tôt acquis, l'Italie aurait continué d'attaquer et laissé moins de latitude à l'Argentine de revenir. Mais, dans cette Coupe du monde, les Azzurri n'ont marqué plus d'un but qu'à deux reprises : face à la Tchécoslovaquie au premier tour puis contre l'Uruguay en huitième de finale.

Le hors-jeu en constante évolution

L'année 1990 marque une évolution importante dans l'appréciation du hors-jeu : l'attaquant ne doit plus être derrière l'avant-dernier défenseur au départ du ballon mais il peut être sur la même ligne. Selon la loi 11 des lois du jeu, il doit y avoir au moins 2 joueurs adverses entre le but et la ligne où se situe l'attaquant le plus avancé au moment où l'équipier déclenche sa passe. Mais, en pratique, il y a (presque) toujours le gardien ; en conséquence, on dit qu'il doit y avoir au moins 1 (autre) joueur sur la même ligne que l'attaquant.
L'autre évolution concerne ce qu'on appelle le « hors-jeu de position ». Pendant longtemps, un attaquant qui ne s'était pas replié pouvait pénaliser son équipe si celle-ci lançait une nouvelle attaque, même sur l'autre aile : à partir du moment où il était en position de hors-jeu, l'arbitre devait interrompre l'action et rendre le ballon à l'adversaire. Depuis 2004, l'International Board (IFAB) a fait évoluer son interprétation de la loi 11. Désormais, « la position de hors-jeu d'un joueur ne doit être sanctionnée que si, au moment où le ballon est joué par un équipier, l'attaquant prend une part active au jeu en influençant l'adversaire ». C'est-à-dire empêcher un adversaire de jouer ou d'être en mesure de jouer le ballon, par exemple en entravant clairement la vision du jeu ou les mouvements du gardien, ou encore faire un geste ou un mouvement en se trouvant sur la trajectoire du ballon pour tromper ou désorienter l'adversaire. Il faut donc qu'un joueur hors-jeu (qui ne touche pas le ballon) entrave explicitement les mouvements ou la vue des défenseurs (gardien compris) pour que sa position soit sanctionnée.
On rappelle que la position de hors-jeu est jugée au départ du ballon ce qui oblige l'arbitre-assistant (ex-juge de touche) à une sacrée gymnastique, surtout sur les longs ballons. Dans ce domaine, le recours à l'assistance vidéo à l'arbitrage (VAR) est une aide indispensable.

CROATIE / AUSTRALIE (2-2)

LE 22 JUIN 2006 À STUTTGART

La Croatie volée !

Coupe du monde 2006
ALLEMAGNE
du 9 juin au 9 juillet 2006

1 - LES FAITS

Menés 1-2 depuis la 56e minute et une boulette du gardien Kalac sur une frappe de Niko Kovac, le capitaine croate, les Australiens poussent pour arracher l'égalisation synonyme de qualification pour les huitièmes de finale. Sur un centre de Marco Bresciano à la 79e minute, le ballon est prolongé de la tête par John Aloisi pour Harry Kewell qui surgit au deuxième poteau, le contrôle et frappe à bout portant sans laisser la moindre chance au gardien Pletikosa.

2 - CE QUE DIT LA VIDÉO

Harry Kewell n'est pas hors-jeu au moment où Marco Bresciano effectue son centre mais il l'est clairement quand John Aloisi le relaie de la tête. Le but n'aurait donc pas dû être accordé par M. Poll, l'arbitre anglais, qui avait déjà accordé un penalty égalisateur cadeau (Nico Kranjcar ne touche pas le ballon de la main même si son geste prête à confusion) aux « Socceroos » à la 38e minute.

3 - LES CONSÉQUENCES

Si Harry Kewell n'égalise pas, le retour des Australiens en Coupe du monde (c'était leur deuxième phase finale après 1974, déjà en Allemagne) s'arrête dès le premier tour. Avec les 3 points de la victoire, la Croatie aurait terminé deuxième de ce groupe F, derrière l'intouchable Brésil, et aurait retrouvé l'Italie en huitièmes de finale.

BRÉSIL / CÔTE D'IVOIRE (3-1)

LE 20 JUIN 2010 À JOHANNESBURG

Coupe du monde 2010
AFRIQUE DU SUD
du 11 juin au 11 juillet 2010

Un arbitrage à Lannoy

1 - LES FAITS

Pour leur deuxième match de la compétition, après un maigre succès 2-1 contre la Corée du Nord, le Brésil de Kakà et Daniel Alves rencontre la Côte d'Ivoire de Didier Drogba et Yaya Touré à Johannesburg. Déjà auteur du seul but de la première période, Luis Fabiano récupère un ballon aérien à 25 mètres du but ivoirien et il enchaîne un incroyable slalom en mettant dans le vent successivement Siaka Tiené, Zokora, Kolo Touré et de nouveau Siaka Tiené. Sa frappe du gauche ne laisse aucune chance au gardien Copa Barry. Et M. Lannoy, l'arbitre français, valide le but.

2 - CE QUE DIT LA VIDÉO

Après avoir enchaîné deux lobs, sur Zokora puis Kolo Touré, Luis Fabiano doit résister au retour de Siaka Tiené mais il s'aide du haut du bras pour contrôler le ballon. Cette partie du corps est assimilée à la main et le but de l'avant-centre du FC Séville aurait donc dû être invalidé par M. Lannoy. On a dit que la Côte d'Ivoire avait été victime d'un « arbitrage à Lannoy »...

3 - LES CONSÉQUENCES

Huit minutes après ce but non valable, la Seleçao marque un 3e but par le milieu de terrain Elano. Remonter 3 buts au Brésil en une demi-heure était mission impossible pour la Côte d'Ivoire, qui sauve l'honneur par Drogba à 10 minutes de la fin du temps réglementaire. Mais si les Ivoiriens n'avaient eu alors qu'un but de handicap, qui sait comment ils auraient terminé la partie ? La perspective d'accrocher le Brésil est toujours une motivation sans limites.

ARGENTINE / MEXIQUE (3-1)

LE 27 JUIN 2010 À JOHANNESBURG

Tévez hors-jeu sur la vidéo

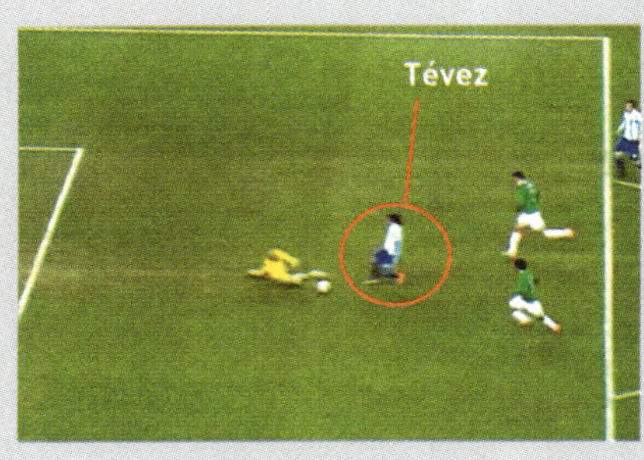

1 - LES FAITS

Lionel Messi récupère le ballon à 35 mètres du but mexicain, s'enfonce plein axe et sert Carlos Tévez parti à la limite du hors-jeu. L'Apache est contré par la sortie du gardien mexicain Perez mais le ballon revient dans les pieds de Messi qui frappe instantanément dans le but déserté. Tévez prolonge alors, de la tête, la course du ballon jusqu'au fond des filets.

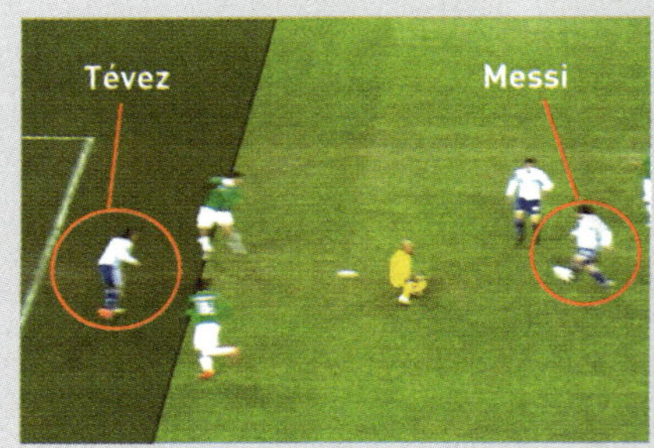

2 - CE QUE DIT LA VIDÉO

Au moment où Lionel Messi reprend le ballon contré par le gardien mexicain, Carlos Tévez est clairement en position de hors-jeu, au-delà de la ligne fictive formée par le duo Rodriguez-Juarez. Le ralenti diffusé dans le stade de Soccer City, à Johannesburg, ne fait que renforcer la détermination des Mexicains à contester ce but auprès de l'arbitre italien, M. Rosetti. Ce dernier, qui ne peut pas ignorer la diffusion du ralenti, semble hésiter mais ne veut pas déjuger son arbitre assistant sur la base d'images vidéo qu'il n'aurait pas dû voir et... accorde finalement l'avantage à l'Albiceleste.

3 - LES CONSÉQUENCES

On joue depuis 26 minutes dans ce huitième de finale 100 % latino et le Mexique ne parvient pas à se remettre de cette décision. Sept minutes plus tard, une passe en retrait mal assurée d'Osorio pour Rodriguez permet à Gonzalo Higuain de faire le break. Malgré un troisième but argentin, signé Tévez, les Mexicains reviennent fort en deuxième période, marquent par « Chicharito » Hernandez (à la 71e) et obligent Gabriel Heinze à deux sauvetages sur la ligne. Sans ce handicap, les Mexicains auraient pu abréger le parcours de l'Argentine de Maradona, qui se fera humilier par l'Allemagne au tour suivant.

Coupe du monde 2010
AFRIQUE DU SUD
du 11 juin au 11 juillet 2010

DRÔLE DE SORTIE POUR ROSETTI

Arbitre de la finale de l'Euro 2008 (Espagne-Allemagne 1-0), Roberto Rosetti aurait pu espérer aller plus loin dans cette Coupe du monde, la deuxième de sa carrière d'arbitre international entamée en 2002. Mais après avoir dirigé Australie-Ghana (1-1) au premier tour, cet Argentine-Mexique entaché de cette erreur flagrante constitue la fin de sa carrière. À 42 ans (alors qu'il pouvait encore officier pendant deux saisons), cet arbitre a raccroché son sifflet avant même la finale de cette Coupe du monde pour devenir responsable du comité des arbitres de Serie B (L2) en Italie.

LES PENALTIES OUBLIÉS

Avec l'assistance vidéo à l'arbitrage (VAR), l'arbitre peut siffler un penalty et revenir sur sa décision. Auparavant, il ne se déjugeait que très rarement. Dans le doute, de nombreux arbitres n'ont pas osé siffler des fautes dans la surface de réparation pourtant flagrantes au cours des 836 matches de Coupes du monde disputés depuis 1930 (761 depuis l'apparition de la télévision en 1954). Même si un penalty n'est pas toujours transformé, la réussite de ceux-ci aurait changé le cours de certains matches. Et modifié inévitablement le palmarès de la compétition.

ANGLETERRE / ALLEMAGNE (2-3)

LE 14 JUIN 1970 À LEON

Coupe du monde 1970
MEXIQUE
du 31 mai au 21 juin 1970

Beckenbauer jouait le bonhomme, pas le ballon

1 - LES FAITS

On présente ce quart de finale comme la revanche de la finale de la Coupe du monde 1966 (voir pp. 38-39). Menés 0-2 par les champions du monde anglais (Mullery, 31e et Peters, 51e), les Allemands ont trouvé les ressources pour égaliser avant la fin du temps réglementaire (Beckenbauer, 68e et Seeler, 82e). Dans la prolongation, ils viennent de prendre l'avantage par l'inévitable Gerd Müller (son 8e but dans cette phase finale) à la 108e minute. Alors, les compatriotes de Bobby Moore (Bobby Charlton est sorti à la 70e minute) jettent leurs dernières forces à l'assaut du but de Sepp Maier. Rentré à la place de Charlton, Colin Bell réceptionne dans la surface allemande un centre de la gauche. Son contrôle orienté lui permet de mettre dans le vent Berti Vogts et d'avancer vers le but de Maier. Mais, là, Franz Beckenbauer intervient et les deux joueurs se retrouvent sur la pelouse alors que le ballon est récupéré par le gardien allemand. M. Coerezza, l'arbitre argentin, laisse le jeu se poursuivre.

2 - CE QUE DIT LA VIDÉO

À la sortie de son contrôle orienté réussi devant Vogts, Bell a un temps d'avance et il se prépare une véritable occasion de but. Avec son tacle, Franz Beckenbauer n'arrête absolument pas la course du ballon mais il fauche l'attaquant anglais. Il y a un penalty indiscutable mais M. Coerezza ne semblait pas décidé à le siffler au cours de ce quart de finale car il en avait déjà oublié un, sur Francis Lee, en première période.

3 - LES CONSÉQUENCES

En cas d'égalisation anglaise, on aurait peut-être assisté dès 1970 à la première séance de tirs au but. Il faudra attendre la demi-finale France-Allemagne en 1982 pour connaître ça... Il n'est pas dit que les Anglais l'auraient emporté aux tirs au but car leur gardien, Peter Bonetti, remplaçant de Gordon Banks, malade, s'est révélé particulièrement mal inspiré au cours de ce match. Mais s'ils avaient obtenu les 2 penalties, ils auraient probablement pu défendre leur couronne mondiale un tour supplémentaire.

L'élégant Beckenbauer n'a pas toujours eu que des gestes de gentleman sur le terrain, comme le prouve assez bien son tacle sur Colin Bell lors de ce quart de finale du Mondial 1970.

BRÉSIL / URSS (2-1)

LE 14 JUIN 1982 À SÉVILLE

Penalty pour l'URSS

1 - LES FAITS

Pour ses débuts dans la Coupe du monde en Espagne, le Brésil de Télé Santana est accueilli avec enthousiasme par le public andalou. Mais une faute de main du gardien Waldir Peres sur une frappe lointaine d'Andreï Bal donne l'avantage aux Soviétiques dès la 34e minute. L'URSS peut donc laisser venir la Seleçao et répliquer avec des contre-attaques tranchantes. Sur l'une d'elles, Ramaz Chenguelia pénètre dans la surface de réparation, plein axe, mais le défenseur brésilien Luizinho s'accroche à ses basques et l'attaquant du Dinamo Tbilissi s'effondre au moment de tirer au but. M. Lamo Castillo, l'arbitre espagnol, laisse le jeu se poursuivre.

2 - CE QUE DIT LA VIDÉO

La faute du défenseur brésilien est pourtant indiscutable. Avant même de pénétrer dans la surface de réparation, Luizinho enlace Ramaz Chenguelia puis il le ceinture avant de vite relever ses bras pour se dédouaner d'avoir fait faute. Mais il a ainsi retardé puis déséquilibré l'attaquant (géorgien) de l'équipe soviétique. M. Lamo Castillo aurait dû accorder un penalty à l'URSS.

3 - LES CONSÉQUENCES

Avec deux buts de retard (à condition que le penalty soit marqué évidemment), le Brésil n'aurait pas pu s'imposer pour son entrée dans cette Coupe du monde. D'autant plus qu'un autre penalty sera refusé à l'URSS (voir encadré) en deuxième période... Les (magnifiques) buts réussis en fin de match par Socrates et Eder ont fait oublier que ce succès n'était pas totalement régulier. Peut-être que si la belle équipe de Télé Santana avait été accrochée d'entrée, elle aurait été plus prudente lors des tours suivants et ne se serait pas fait piéger par l'Italie (2-3) de Paolo Rossi...

Après cette défaite face au Brésil de Luizinho, Oleg Blokhine et l'URSS ne dépasseront pas le deuxième tour de la compétition.

LA MAIN DE JUNIOR

En deuxième période, alors que le score est toujours de 1-0 pour l'URSS contre le Brésil, une autre action aurait pu amener un penalty. Sur une transversale à destination d'Oleg Blokhine, le Ballon d'Or 1975, le défenseur brésilien Junior intercepte clairement le ballon de la main. L'attaquant du Dynamo Kiev signale aussitôt la faute à l'arbitre espagnol mais M. Lamo Castillo ne sanctionne pas Junior. Il faut préciser qu'en première période, il a accordé un coup franc indirect (dans la surface de réparation) pour un ballon touché par une main soviétique devant Socrates. Mais comme le défenseur de l'équipe d'URSS avait le pied levé, il a d'abord été sanctionné pour un jeu dangereux.

FINALE

ALLEMAGNE / ARGENTINE (1-0)

LE 8 JUILLET 1990 À ROME

Coupe du monde 1990
ITALIE
du 8 juin au 8 juillet 1990

Goycochea avait bien fait faute

1 - LES FAITS

Cette finale se joue depuis une heure et la domination allemande n'a toujours pas été récompensée. Sur une transversale de la droite vers la gauche de Lothar Matthäus, le défenseur Klaus Augenthaler se retrouve complètement démarqué dans la surface de réparation. Après un beau contrôle en extension, il se présente aux 6 mètres devant Sergio Goycochea, légèrement sur la gauche du but, amorce un dribble pour se recentrer et se heurte au gardien argentin. M. Codesal, l'arbitre mexicain, proche de l'action, fait signe de continuer à jouer.

2 - CE QUE DIT LA VIDÉO

Le solide défenseur Klaus Augenthaler ne tombe pas tout seul. Il se heurte clairement à Sergio Goycochea. M. Codesal estime qu'il n'y a pas de faute mais le gardien argentin est en mouvement et c'est lui qui barre le passage au joueur allemand alors que le ballon est déjà passé. L'arbitre mexicain aurait dû siffler un penalty. C'est peut-être parce qu'il a réalisé son erreur a posteriori qu'il en a accordé un pour une faute moins évidente sur Rudi Völler (voir pp. 78-79) à 5 minutes du terme de cette finale...

3 - LES CONSÉQUENCES

On dit souvent qu'il n'y a rien de tel qu'un but pour lancer un match. À une demi-heure de la fin du temps réglementaire, ce penalty (à condition qu'il soit transformé évidemment) aurait donné un avantage mérité aux Allemands et aurait obligé les Argentins (qui n'ont tiré qu'une fois au but en 90 minutes) à changer de stratégie. Au lieu de cela, les compatriotes de Diego Maradona sont restés recroquevillés en défense, d'autant plus qu'ils ont été réduits à dix quelques minutes plus tard (faute de Monzon sur Klinsmann, 65e), et n'ont jamais vraiment cherché à répondre à la vaine domination allemande.

WorldCupUSA94

Coupe du monde 1994
ÉTATS-UNIS
du 17 juin au 17 juillet 1994

Quiniou aurait dû siffler la main

1 - LES FAITS

Un doublé de Roberto Baggio dès le début de cette demi-finale inédite permet aux Italiens de prendre le large mais les Bulgares reviennent juste avant la mi-temps sur un penalty de Hristo Stoitchkov, sifflé pour une faute d'Albertini sur Sirakov. Les Azzurri d'Arrigo Sacchi contrôlent les opérations en seconde période mais, sur un contre, Emil Kostadinov distance Paolo Maldini avant de se retrouver au duel avec Alessandro Costacurta, à l'entrée de la surface de réparation. Le ballon de l'attaquant bulgare est contré par le défenseur italien. Malgré la protestation immédiate de Kostadinov, M. Quiniou, l'arbitre français, laisse le jeu se poursuivre.

2 - CE QUE DIT LA VIDÉO

C'est bien de la main que Costacurta, emporté par son élan, repousse le ballon joué par Kostadinov. M. Quiniou est loin de l'action, dans le rond central, car c'est une contre-attaque. Il n'est pas aidé sur ce fait de jeu par son arbitre assistant qui ne signale rien. C'est d'ailleurs vers ce dernier que se précipite Kostadinov alors que les Italiens continuent à jouer sans la moindre tergiversation. C'est le genre de litige type que l'assistance vidéo à l'arbitrage pourrait aider à résoudre.

3 - LES CONSÉQUENCES

En conservant ce petit but d'avance jusqu'à la fin du temps réglementaire, les Azzurri vont se hisser en finale pour la cinquième fois de leur histoire. Si M. Quiniou avait accordé aux Bulgares un deuxième penalty, on peut penser que Hristo Stoitchkov (qui n'était pas encore sorti) l'aurait transformé car le futur Ballon d'Or était particulièrement habile dans cet exercice. À 2-2, cette demi-finale inédite aurait été plus indécise encore. Et rien ne dit que cette brillante génération bulgare, qui avait déjà éliminé les champions du monde allemands en quart de finale, ne serait pas allée au bout.

ALLEMAGNE / ÉTATS-UNIS (2-1)

LE 21 JUIN 2002 À ULSAN

L'anti-jeu de Frings

1 - LES FAITS

Un but de Michael Ballack à la 39e minute assure un avantage mérité aux Allemands mais les Américains poussent en deuxième période pour revenir à égalité. Sur un corner de Claudio Reyna, la reprise de volée à moitié manquée de Greg Berhalter est repoussée sur la ligne de but allemande. Aussitôt les joueurs américains se précipitent vers M. Dallas, l'arbitre écossais, et son assistant pour réclamer une main. Mais le jeu reprend sans la moindre sanction.

2 - CE QUE DIT LA VIDÉO

La reprise de Berhalter est écrasée mais le rebond trompe le gardien Oliver Kahn et la course du ballon est clairement stoppée par la main de Thorsten Frings, positionné au deuxième poteau sur le corner. Il y avait donc bien une faute et M. Dallas aurait dû siffler penalty. Il aurait également pu sanctionner le milieu de terrain du Werder Brême d'un carton rouge pour anti-jeu sur cette occasion nette de but même si l'Allemagne aurait alors été victime de la « double peine » depuis atténuée.

3 - LES CONSÉQUENCES

Face à Oliver Kahn, élu quelques jours plus tard meilleur joueur de cette Coupe du monde, un penalty ne signifie pas automatiquement but. Mais, bousculée et éventuellement réduite à dix par l'exclusion de Thorsten Frings, l'Allemagne aurait éprouvé les pires difficultés à contenir une sélection des États-Unis qui avait déjà battu le Portugal (3-2), en phase de poule, et éliminé le Mexique (2-0), en huitième de finale... C'eût été quand même un authentique exploit des Américains car l'histoire de la Coupe du monde a démontré que les Allemands ne s'avouent jamais vaincus.

Coupe du monde 2002
CORÉE DU SUD ET JAPON
du 31 mai au 30 juin 2002

La main de l'Allemand Thorsten Frings prive les Américains d'une égalisation en quart de finale de la Coupe du monde 2002.

PAYS-BAS / CÔTE D'IVOIRE (2-1)

LE 16 JUIN 2006 À STUTTGART

Coupe du monde 2006
ALLEMAGNE
du 9 juin au 9 juillet 2006

Éboué avait été ceinturé

1 - LES FAITS

Battus par les Argentins (1-2) lors de leur premier match en phase finale de Coupe du monde, les Ivoiriens doivent absolument battre les Néerlandais pour continuer de rêver. Les coéquipiers de Didier Drogba se ruent à l'assaut du but d'Edwin Van der Sar. À la 12e minute, le défenseur latéral Emmanuel Eboué se présente à l'entrée de la surface de réparation, fixe Giovanni Van Bronckhorst et tente le débordement ; l'Ivoirien tombe après un accrochage avec le défenseur néerlandais et M. Oscar Ruiz, l'arbitre colombien, laisse le jeu se poursuivre.

2 - CE QUE DIT LA VIDÉO

Giovanni Van Bronckhorst a beau faire signe qu'il n'y a pas faute lorsque Emmanuel Eboué se relève, il a clairement ceinturé l'Ivoirien au moment où il était en train de le déborder. Comme cette faute est commise dans la surface de réparation, M. Ruiz aurait dû accorder un penalty à la Côte d'Ivoire. Sepp Blatter, alors président de la FIFA, s'était d'ailleurs ému de cette situation : « Contre les Pays-Bas, on a volé un penalty à la Côte d'Ivoire », avait-il déclaré 4 jours plus tard.

3 - LES CONSÉQUENCES

Un penalty n'est jamais marqué d'avance mais les Ivoiriens en ont tout de même réussi deux (par Aruna Dindane et Bonaventure Kalou) contre les Serbes (3-2) au match suivant que Didier Drogba ne jouait pas (car il était sans enjeu). Les Néerlandais se sont imposés lors de ce match à Stuttgart sans jamais avoir été menés au score. Les Ivoiriens, eux, ont su revenir alors qu'ils étaient menés 0-2. Après une frappe de Zokora renvoyée par le poteau, ils ne se sont pas découragés et ont marqué par Bakari Koné avant la mi-temps (38e). Avec le penalty initial, ils auraient pu raisonnablement prendre un point et éviter une élimination après seulement deux matchs.

FINALE

ITALIE / FRANCE (1-1)

LE 9 JUILLET 2006 À BERLIN

Coupe du monde 2006
ALLEMAGNE
du 9 juin au 9 juillet 2006

Zambrotta avait effleuré Malouda

1 - LES FAITS

Cette finale de la Coupe du monde se dispute depuis 53 minutes et les deux équipes sont dos à dos depuis l'égalisation de Marco Materazzi à la 19ᵉ minute. Sur une contre-attaque menée par Franck Ribéry sur l'aile droite, le ballon arrive à Zinédine Zidane, dans l'axe, qui prolonge vers Florent Malouda. Ce dernier pénètre dans la surface de réparation italienne en direction du but de Gigi Buffon mais, après l'intervention de Gianluca Zambrotta, l'attaquant français se retrouve au sol sans que M. Horacio Elizondo, l'arbitre argentin, ne siffle.

2 - CE QUE DIT LA VIDÉO

Le défenseur italien Zambrotta se positionne bien pour fermer l'accès au but de Buffon et il tente d'intercepter le ballon dans les pieds de Florent Malouda. Mais ce dernier protège bien son ballon et Zambrotta ne parvient pas à toucher la balle. Dans l'action, le défenseur italien effleure l'attaquant français qui, légèrement déséquilibré, tombe en accentuant un peu le mouvement. Comme il avait déjà accordé un penalty aux Bleus en début de match (transformé par Zidane, 7ᵉ), M. Elizondo n'a pas osé en siffler un deuxième.

3 - LES CONSÉQUENCES

Le score restera donc à 1-1 jusqu'au terme de la prolongation. Si l'arbitre argentin avait accordé ce deuxième penalty, il aurait sûrement été marqué car Zidane n'en a jamais raté pour l'équipe de France en match officiel (il en a manqué un en amical, contre la Chine, le 7 juin 2006). À 2-1 à la 53ᵉ minute, on aurait alors eu un tout autre final en clôture de cette Coupe du monde en Allemagne...

AUSTRALIE / SERBIE (2-1)

LE 23 JUIN 2010 À NELSPRUIT

Coupe du monde 2010
AFRIQUE DU SUD
du 11 juin au 11 juillet 2010

Cahill avait mis la main

1 - LES FAITS

La dernière journée est indécise dans ce groupe D, qui compte également l'Allemagne et le Ghana, où les quatre pays peuvent se qualifier pour les huitièmes de finale. Revenus à 1-2 à la 84e minute grâce à un but de Marko Pantelic, les Serbes poussent pour arracher l'égalisation sur la pelouse de Nelspruit. Sur un nouveau corner, frappé par Milan Jovanovic, le défenseur de Manchester United Nemanja Vidic s'élève mais le ballon aérien qu'il convoite est touché par l'Australien Tim Cahill. L'arbitre uruguayen, M. Larrionda, laisse le jeu continuer malgré les protestations serbes.

2 - CE QUE DIT LA VIDÉO

C'est ce qui s'appelle donner un « bon coup de main » à sa défense : le geste de Tim Cahill, l'attaquant d'Everton, est flagrant pour tout le monde sauf pour l'arbitre ! Certes, la main n'est pas volontaire mais elle agrandit clairement la surface de contact car elle n'est pas collée au corps. À l'évidence, l'Australien aurait dû être sanctionné et la Serbie se voir accorder un penalty.

3 - LES CONSÉQUENCES

Un penalty, ce n'est pas un but assuré à chaque fois, évidemment. Mais, en cas de résultat nul à 2-2 contre l'Australie, la Serbie terminait deuxième du groupe D, derrière l'Allemagne, et devant le Ghana ! Les Serbes s'étaient, en effet, inclinés contre le Black Star (0-1) mais, en Coupe du monde, ce n'est pas la différence de buts particulière qui compte mais la différence de buts générale. Cette égalisation aurait donc qualifié la Serbie mais, surtout, éliminé dès le premier tour le Ghana de la première Coupe du monde sur le sol africain...

ITALIE / COSTA RICA (0-1)

LE 20 JUIN 2014 À RECIFE

Coupe du monde 2014
BRÉSIL
du 12 juin au 13 juillet 2014

Le déhanché de Chiellini

1 - LES FAITS

Vainqueurs des Anglais 2-1 à Manaus, en ouverture de ce groupe D très serré, les Italiens peuvent se qualifier pour les huitièmes de finale en cas de succès mais ils doivent se méfier des « Ticos » du Costa Rica qui ont déjà piégé les Uruguayens (3-1) à Fortaleza. Les Azzurri dominent mais, sur un contre, le rapide Joël Campbell sollicite le ballon dans la profondeur et, après un duel avec Giorgio Chiellini, se retrouve allongé dans la surface de réparation italienne. Mr Enrique Osses, l'arbitre chilien, laisse le jeu se poursuivre.

2 - CE QUE DIT LA VIDÉO

Un petit coup de hanche de Chiellini juste au moment où l'attaquant des Ticos passe à son niveau et... l'arbitre chilien ne peut rien y voir. Il y a bien un acte d'anti-jeu de la part du défenseur italien car il ne joue absolument pas le ballon que convoite Joel Campbell. Et le niveau du contact est un peu bas pour qu'on parle d'un duel à l'épaule... Mr Enrique Osses aurait donc dû accorder un penalty au Costa Rica.

3 - LES CONSÉQUENCES

À condition de marquer ce penalty à Gigi Buffon, les Ticos auraient pris l'avantage un peu plus tôt dans une partie qu'ils ont brillamment remportée grâce à un but de la tête de Bryan Ruiz (accordé avec la goaline technology) juste avant la mi-temps. Finalement, l'abstention de l'arbitre chilien sur cette action litigieuse n'a pas changé grand-chose au verdict de cette rencontre. Si ce n'est qu'elle a ôté aux Italiens une excuse pour expliquer leur élimination dès le 1e tour de ce Mondial au Brésil...

LES PENALTIES CADEAUX

Parmi les 161 penalties réussis en 20 phases finales de Coupe du monde (151 depuis 1954), certains ont fait l'objet de décision contestable. D'autres ont été accordés alors que la faute avait été commise hors de la surface de réparation. Le recours à l'assistance vidéo (VAR) aurait permis dans de nombreux cas à l'arbitre de prendre la bonne décision. Et d'éviter certaines polémiques.

BRÉSIL / HONGRIE (2-4)

LE 27 JUIN 1954 À BERNE

L'étincelle qui mit le feu aux poudres

Coupe du monde 1954
SUISSE
du 16 juin au 4 juillet 1954

1 - LES FAITS

Dans ce quart de finale très attendu entre les vice-champions du monde brésiliens (battus par l'Uruguay au Maracana, 1-2, quatre ans auparavant) et les champions olympiques hongrois (en 1952 à Helsinki), rien n'a été marqué depuis le penalty du défenseur Djalma Santos à la 18e minute. On atteint l'heure de jeu. Sur un centre de Mihaly Toth, Sandor Kocsis se retrouve au duel avec Pinheiro et M. Arthur Ellis, l'arbitre anglais, siffle un penalty contre la Seleçao, transformé par le défenseur Mihàli Lantos.

2 - CE QUE DIT LA VIDÉO

Le défenseur brésilien Pinheiro ne parvient pas à dégager le ballon devant Sandor Kocsis mais il cherche à le « protéger » afin d'éviter que l'attaquant hongrois ne frappe au but. Déséquilibré dans le duel, le défenseur de la Seleçao pose une main au sol contre laquelle aurait buté le ballon. Les moyens technologiques de l'époque (le match était filmé mais pas retransmis en direct à la TV) ne permettent pas d'affirmer à 100 % s'il y a faute ou pas. Mais tous les témoins du match dans leurs comptes rendus avouent qu'ils n'ont pas compris pourquoi l'arbitre anglais a accordé ce penalty aux Hongrois.

3 - LES CONSÉQUENCES

Ce nouvel avantage de deux buts en faveur de l'Aranycsapat (l'équipe dorée en hongrois) va déclencher « la bataille de Berne ». Alors que les Brésiliens espéraient toujours égaliser, ils se retrouvent relégués à deux buts et perdent leurs nerfs déjà à fleur de peau en raison du discours mobilisateur de leurs dirigeants dans le vestiaire avant le match. Dix minutes après ce penalty, M. Ellis se décide à exclure deux joueurs, Jozsef Bozsik, le capitaine hongrois (en l'absence de Puskas), et Nilton Santos. Quelques instants plus tard, il exclut un Brésilien, Humberto, coupable d'une faute sur Gyula Lorant. Les deux équipes terminent à neuf puisque Jozsef Toth est blessé (et qu'il n'y avait pas de remplacement à l'époque). « Les mêmes faits aujourd'hui entraîneraient tant d'exclusions que le match serait arrêté », a confié M. Ellis bien des années plus tard...

ANGLETERRE / URSS (2-2)

LE 8 JUIN 1958 À GÖTEBORG

Coupe du monde 1958
SUÈDE
du 8 juin au 29 juin 1958

Finney, ce vieux grigou

1 - LES FAITS

Pour leur premier match de Coupe du monde, les Soviétiques mènent logiquement 2-1 (Nikita Simonian, 13e et Valentin Ivanov, 55e) mais à 5 minutes de la fin du temps réglementaire, un ballon perdu par la défense de l'URSS est immédiatement donné dans la profondeur par John Haynes à Tom Finney, qui tombe à l'entrée de la surface de réparation. L'arbitre hongrois, M. Zsolt, indique le point de penalty et Tom Finney égalise.

2 - CE QUE DIT LA VIDÉO

Avant même que le ballon ne lui arrive, Tom Finney s'effondre sans que les deux défenseurs centraux soviétiques ne commettent de faute flagrante. À l'évidence, le vieux buteur anglais qui, à 36 ans, participe en Suède à sa troisième (et dernière) phase finale de Coupe du monde, a plus d'un tour dans son sac... Aux premières loges sur cette action, le gardien Lev Yachine se précipite sur M. Zsolt pour protester contre cette décision tout aussi étonnante que... celle de la FIFA de nommer un arbitre hongrois pour le premier match en Coupe du monde de l'URSS deux ans après l'écrasement du soulèvement populaire à Budapest par les chars de l'Armée rouge !

3 - LES CONSÉQUENCES

Ce résultat nul contraindra les Soviétiques à jouer un match d'appui, neuf jours plus tard, contre ces mêmes Anglais car les deux équipes avaient terminé leurs 3 matchs de poule (derrière le Brésil, devant l'Autriche) avec le même nombre de points (3 chacune). Du coup, les coéquipiers de Lev Yachine ont dû disputer leur quart de finale 48 h à peine après le match d'appui (gagné 1-0, but d'Anatoli Ilyine) contre les organisateurs suédois, qui avaient eu quatre jours pour préparer ce rendez-vous...

POLOGNE / YOUGOSLAVIE (2-1)

LE 30 JUIN 1974 À FRANCFORT

Coupe du monde 1974
ALLEMAGNE DE L'OUEST
du 13 juin au 7 juillet 1974

Szarmach en avait rajouté

1 - LES FAITS

Dominés par les Allemands (de l'Ouest) en ouverture du deuxième tour de poule, les Yougoslaves doivent absolument battre les Polonais (qui ont vaincu les Suédois, 1-0) pour espérer accéder au dernier carré. Sur un coup franc polonais, le ballon est renvoyé par le mur et les Yougoslaves repartent en contre lorsque M. Glöckner, l'arbitre allemand, interrompt l'action et revient vers la surface de réparation. Andrzej Szarmach, l'avant-centre polonais, est à genoux sur la pelouse et l'arbitre désigne le point de penalty. Kazimierz Deyna, le capitaine polonais, le transforme (à la 24e minute).

2 - CE QUE DIT LA VIDÉO

Il y a bien une dispute, dans la surface de réparation, entre Szarmach et l'attaquant serbe de la sélection yougoslave Stanislav Karasi (qui poursuivra sa carrière à Lille). En appliquant le règlement à la lettre, M. Glöckner peut effectivement accorder un penalty. Mais l'accrochage intervient alors que l'action est terminée. Qui plus est, Karasi répond à un geste d'humeur de Szarmach, qui le tape sur le bras juste avant. Certes, l'attaquant yougoslave n'a pas à réagir de la sorte mais l'avant-centre polonais en rajoute beaucoup en se laissant tomber (en dehors de la surface de réparation). M. Glöckner aurait été plus avisé d'adresser des cartons (jaune, voire rouge) aux deux contrevenants.

3 - LES CONSÉQUENCES

S'il avait été exclu, Stanislav Karasi n'aurait pas pu égaliser pour la Yougoslavie juste avant la mi-temps. La Pologne reprendra l'avantage en seconde période par Grzegorz Lato (62e) mais leur qualification pour le dernier carré de la compétition aurait été plus compliquée sans ce penalty dès la 24e minute.

Argentina 78

Coupe du monde 1978
ARGENTINE
du 1er juin au 25 juin 1978

Oblitas n'était pas dans la surface

1 - LES FAITS

Après avoir battu les Écossais (3-1) et tenu en échec les Néerlandais (0-0), les Péruviens jouent la première place du groupe D contre les débutants iraniens, à Cordoba, pendant que Pays-Bas et Écosse se mesurent à Mendoza. Dans ce duel à distance, il faut soigner la différence de buts. Un coup de tête de Velasquez a permis aux Péruviens de prendre les devants dès la 2e minute mais les Iraniens n'ont rien à perdre. Sur un contre, le ballon arrive jusqu'à Juan Carlos Oblitas, qui fixe son défenseur puis est accroché à l'entrée de la surface de réparation. M. Jarguz, l'arbitre polonais, accorde un penalty, transformé par Teofilo Cubillas.

2 - CE QUE DIT LA VIDÉO

Juan Carlos Oblitas brandit le poing en signe de victoire pendant que les Iraniens protestent auprès de l'arbitre polonais. Il n'y a pas une grosse faute sur l'attaquant péruvien mais on peut siffler une obstruction. En revanche, M. Jarguz n'aurait pas dû accorder un penalty au Pérou car la faute est commise en dehors de la surface de réparation. Il aurait juste dû siffler un coup franc.

3 - LES CONSÉQUENCES

Les Péruviens mènent alors 2-0. Et bientôt 3-0 car Cubillas bénéficie d'un autre penalty, 3 minutes plus tard, qu'il marque évidemment (son 10e et dernier but toutes Coupes du monde confondues). Même si les Iraniens obtiennent un but de consolation, mérité, juste avant la mi-temps. Le duel à distance avec les Néerlandais tourne court car les Écossais vont s'imposer 3-2. Finalement vainqueurs 4-1, les Péruviens vont sortir en tête de cette poule et se retrouver contre l'Argentine, le Brésil et la Pologne au tour suivant. Pour l'Iran, déjà sanctionné de deux penalties face aux Pays-Bas, ce premier Mondial a un goût amer...

ARGENTINE / FRANCE (2-1)

LE 6 JUIN 1978 À BUENOS AIRES

La main de Trésor était involontaire

1 - LES FAITS

Dominée par l'Italie (1-2) lors de la première journée de ce Mondial, la France risque l'élimination dès le deuxième match en cas de défaite à Buenos Aires contre l'organisateur argentin. Près de 80 000 spectateurs inondent de papelitos la pelouse du Monumental et les coéquipiers de Mario Kempes ne ménagent pas leurs efforts pour enregistrer une autre victoire après un premier succès peu convaincant contre la Hongrie (2-1). Juste avant la mi-temps, sur une passe en profondeur de Kempes, Leopoldo Luque pénètre dans la surface de réparation française, au duel avec Marius Trésor. L'attaquant argentin s'emmène le ballon de la cuisse et arme son pied gauche pour tirer au but mais, au prix d'une incroyable extension, Trésor parvient à dévier le ballon à côté du but de Jean-Paul Bertrand-Demanes. M. Jean Dubach, l'arbitre suisse, qui était loin de l'action, désigne le point de penalty après un temps d'hésitation. Daniel Passarella, le capitaine de l'Albiceleste, marque en force le premier but du match.

2 - CE QUE DIT LA VIDÉO

Parti à la limite du hors-jeu, Luque a un temps d'avance sur Trésor. Mais le défenseur de l'équipe de France fait un grand écart pour contrer la frappe de l'attaquant argentin et il tombe à la renverse. C'est bien du bras qu'il dévie la frappe de Luque mais cette « main » est totalement involontaire et, à l'époque, ne devait pas être sanctionnée. L'arbitre suisse aurait donc dû rester neutre dans cette affaire.

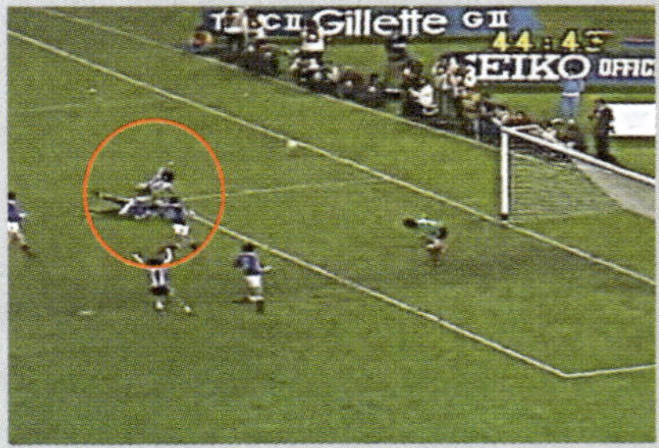

3 - LES CONSÉQUENCES

La folle ambiance du Monumental a sûrement poussé M. Dubach à siffler en faveur de l'Albiceleste. Malgré ce handicap à la mi-temps, l'équipe de France réalisera une deuxième période magnifique et égalisera par Michel Platini à l'heure de jeu. Avant que Luque ne donne la victoire à l'Albiceleste d'une frappe somptueuse de 25 mètres... Que ce serait-il passé sans cet avantage donné aux Argentins ? Les Tricolores (on ne disait pas encore les Bleus) auraient-ils pu résister ? Il faut quand même rappeler que les Argentins ont touché deux fois le poteau ou la transversale (par Kempes et Luque) au cours de cette rencontre et que, sans l'assurance d'être déjà au deuxième tour, ils n'auraient peut-être pas perdu le match suivant contre l'Italie (0-1).

Coupe du monde 1978
ARGENTINE
du 1er juin au 25 juin 1978

LA MAIN DANS L'HISTOIRE

La définition de la faute de main est très succincte selon les lois du jeu de la FIFA. On demande à l'arbitre dans la loi 12, relative aux « fautes et incorrections », de sanctionner d'un coup franc ou d'un penalty le fait de toucher « délibérément le ballon de la main » (à l'exception du gardien de but dans sa surface évidemment). Alors, comment s'assurer du caractère délibéré de la main ?
Pendant longtemps, on a sanctionné seulement les gestes intentionnels, ce qui pouvait provoquer des polémiques lorsque la main n'apparaissait pas volontaire (comme c'est le cas ici). Mais les comportements de plus en plus équivoques sur certaines actions ont amené les différentes instances à renforcer la vigilance et à préciser les consignes. On regarde désormais si la main (et le bras) augmente de façon significative la surface du corps. En gros, si le bras reste collé au corps, il n'y a pas main. S'il est décollé, il peut y avoir une faute de main mais les instances invitent au plus grand discernement.
Ainsi, selon les directives de la FIFA aux arbitres, s'il y a un contact délibéré entre le ballon et la main (ou le bras), l'arbitre doit prendre en compte les critères suivants :
- le mouvement de la main en direction du ballon (et non du ballon en direction de la main) ;
- la distance entre l'adversaire et le ballon (cas des ballons inattendus) ;
- la position de la main (qui ne vaut pas nécessairement infraction).
On cherche des critères objectifs pour que les fautes de main soient sanctionnées de manière identique dans les différentes compétitions.

LE 17 JUIN 1982 À VALLADOLID

Coupe du monde 1982
ESPAGNE
du 13 juin au 11 juillet 1982

Un penalty sur un plateau pour Panenka

1 - LES FAITS

Champions d'Europe en 1976 et troisièmes de l'Euro 1980, les Tchécoslovaques ne doivent faire qu'une bouchée des débutants du Koweït, champions d'Asie. Les coéquipiers de Zdenek Nehoda se ruent à l'attaque et, sur une pénétration de Ladislav Vizek, le défenseur Abdullah Mayouf s'interpose. Les deux hommes tombent à la renverse et M. Dwomoh, l'arbitre ghanéen, désigne le point de penalty.

2 - CE QUE DIT LA VIDÉO

À l'entrée de la surface de réparation, Ladislav Vizek pousse un peu loin son ballon et il n'a pas vraiment le temps d'amorcer un dribble pour passer Abdullah Mayouf. L'attaquant tchécoslovaque tente le passage en force mais le défenseur du Koweït est sur la trajectoire et il lui fait obstacle sans commettre de faute. On voit clairement Vizek pousser Abdullah Mayouf et M. Dwomoh n'aurait pas dû siffler ce penalty que Panenka transformera.

3 - LES CONSÉQUENCES

En prenant l'avantage dès la 21e minute, la Tchécoslovaquie aurait dû se mettre à l'abri mais c'est l'inverse qui va se passer. Bien préparés par le Brésilien Carlos Alberto Parreira, les Koweïtiens vont obtenir l'égalisation en deuxième période. Du coup, les Tchécoslovaques seront obligés de battre les Français au dernier match pour sortir de leur poule du premier tour.

PANENKA !

Célèbre pour avoir donné la Coupe d'Europe des nations (l'Euro) à la Tchécoslovaquie en 1976 en marquant d'une balle piquée, au centre du but, lors de la séance des tirs au but de la finale contre les Allemands, Antonin Panenka a déjà 34 ans lorsqu'il joue en Espagne sa première et unique Coupe du monde. On s'attend à ce qu'il réalise une nouvelle « panenka » sur le penalty tôt accordé contre le Koweït. Il est bien inspiré de frapper à droite, au ras du poteau, car le gardien Ahmed Al-Taraboulsi n'a pas bougé ! Contre la France, ce sera une frappe puissante à mi-hauteur, au ras du poteau droit de Jean-Luc Ettori. L'international tchécoslovaque n'a donc jamais marqué sur « panenka » en phase finale de Coupe du monde.

ESPAGNE / YOUGOSLAVIE (2-1)

LE 20 JUIN 1982 À VALENCE

Coupe du monde 1982
ESPAGNE
du 13 juin au 11 juillet 1982

La Roja favorisée à domicile

1 - LES FAITS

Tenue en échec par le Honduras (1-1) en ouverture de «sa» Coupe du monde, la Roja est menée au bout de 10 minutes par une belle équipe de Yougoslavie (avec Susic, Surjak et Zlatko Vujovic). Les Espagnols se ruent à l'attaque et Perico Alonso (le père de Xabi Alonso, voir p.106) mène un raid qui est interrompu à proximité de la surface de réparation par le défenseur Velimir Zajec. M. Lund-Sörensen, l'arbitre danois, désigne le point de penalty, sans hésiter, dans un stade de Mestalla en délire.

2 - CE QUE DIT LA VIDÉO

Le capitaine yougoslave, Ivica Surjak, s'étonne de la décision mais l'arbitre danois ne veut rien entendre. Il y a bien faute de Zajec sur Perico Alonso mais elle est commise en dehors de la surface de réparation, même si le milieu de terrain espagnol termine sa chute à l'intérieur. M. Lund-Sörensen n'aurait pas dû accorder un penalty aux Espagnols mais un coup franc.

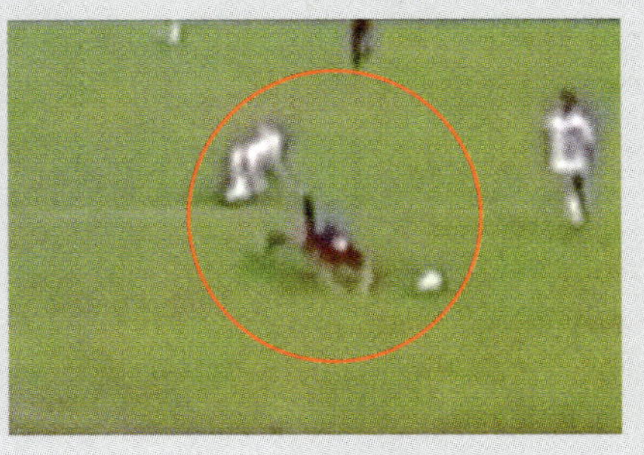

3 - LES CONSÉQUENCES

En revenant rapidement à égalité (1-1), la Roja s'évite de gamberger alors qu'elle était sérieusement bousculée par une excellente équipe yougoslave. Un but de Quini en deuxième période donnera aux Espagnols leur unique victoire dans ce Mondial aux dépens d'une Yougoslavie qui ne méritait pas de perdre cette rencontre.

2 TIREURS POUR 1 PENALTY

C'est Roberto Lopez Ufarte, l'ailier gauche de la Real Sociedad, championne d'Espagne en titre, qui doit transformer ce penalty généreusement accordé. Mais sa frappe (du gauche) passe à droite du but yougoslave. L'arbitre danois décide de faire retirer le penalty au motif que Dragan Pantelic s'était avancé au moment de la frappe de Lopez Ufarte. Mais l'ailier de la Real Sociedad, âgé de 24 ans alors, ne tente pas le diable et confie le ballon à Juanito, l'attaquant du Real Madrid, de 4 ans son aîné, qui ne va pas rater cette occasion de relancer la Roja. Juanito est décédé dans un accident de la route à l'âge de 37 ans.

LE 8 JUILLET 1990 À ROME

Un penalty de compensation pour Völler

1 - LES FAITS

Il reste 6 minutes dans le temps réglementaire de cette finale et l'Allemagne bute toujours sur une équipe argentine... réduite à dix depuis l'exclusion du remplaçant Pedro Monzon à la 65e minute. Sur une passe en profondeur de Lothar Matthäus, le capitaine de la Nationalmanschaft, Rudi Völler, l'avant-centre de la Roma, tente de déborder Roberto Sensini, défenseur de l'Udinese, et tombe de tout son long dans la surface de réparation. M. Codesal, l'arbitre mexicain, accorde immédiatement un penalty que transforme Andreas Brehme.

2 - CE QUE DIT LA VIDÉO

Les Argentins ont beau protester contre la décision de l'arbitre mexicain, ils ne récoltent... qu'un carton jaune pour le milieu de terrain Pedro Troglio. Leurs protestations semblent pourtant justifiées sur ce coup-là. Roberto Sensini est à la lutte avec Rudi Völler pour récupérer cette ouverture de Lothar Matthäus, il tend la jambe droite et touche le ballon juste avant que l'avant-centre allemand ne l'emmène dans sa course. La trajectoire du ballon donnée par Matthäus est d'ailleurs déviée légèrement, et c'est une fois qu'il voit que ce ballon lui échappe que Völler s'étale dans la surface. M. Codesal n'était pas obligé de siffler cette faute-là. Mais comme il n'avait pas accordé de penalty sur une action plus litigieuse 25 minutes plus tôt (voir p.60), il s'est en quelque sorte rattrapé. Ce qu'on appelle un penalty de compensation.

3 - LES CONSÉQUENCES

À 1-0 à 5 minutes de la fin, les Allemands tiennent leur revanche sur les Argentins qui les avaient battus (3-2) en finale de la Coupe du monde 1986 à Mexico. D'autant plus que l'Albiceleste sera bientôt réduite à neuf. Sur cette action, on comprend la révolte de Diego Maradona qui déclarera plus tard que M. Codesal lui a « volé » une deuxième Coupe du monde... Mais, sur l'ensemble de la finale, le succès allemand est logique : il y a eu ce penalty non accordé à Augenthaler à l'heure de jeu et puis la Nationalmanschaft a enregistré 16 frappes cadrées (sur 23 tentatives) contre une seule pour l'Albiceleste.

Coupe du monde 1990
ITALIE
du 8 juin au 8 juillet 1990

LE GAUCHER BREHME FRAPPE DU DROIT !

Ce penalty n'est pas rentré dans l'histoire seulement pour la polémique provoquée par la décision de M. Codesal.
D'abord, c'est la première fois dans l'histoire des finales de Coupe du monde qu'une des deux équipes finalistes termine sans marquer le moindre but (en 1994, ça se terminera à 0-0) ; jusqu'alors, l'équipe battue en avait toujours marqué au moins un.
Matthäus, capitaine de la Nationalmanschaft, était préposé à l'exécution des penalties. En finale à Rome, il aurait dû frapper. « Mais la semelle de ma chaussure droite s'est fendue et j'ai dû changer de crampons à la mi-temps, m'a-t-il raconté en 2005. Mais ce n'était pas exactement le même modèle et je ne retrouvais pas toutes mes sensations. Je n'ai voulu prendre aucun risque et j'ai dit à Andreas "Vas-y." C'est donc lui qui s'en est chargé. »
Enfin, Andreas Brehme ne s'est pas contenté de tirer le penalty... Il y a ajouté une fantaisie : lui le gaucher l'a frappé du droit ! En demi-finale contre l'Angleterre, lors de la série de tirs au but, il avait également frappé du droit. Mais, quatre ans plus tôt lors d'une autre série de tirs au but face au Mexique, il avait tiré du gauche... De quoi sérieusement désorienter les gardiens adverses...

WorldCupUSA94

Coupe du monde 1994
ÉTATS-UNIS
du 17 juin au 17 juillet 1994

Klinsmann s'était laissé tomber

1 - LES FAITS

Les champions du monde allemands butent sur les Bulgares depuis une mi-temps dans ce quart de finale au Giants' Stadium lorsque Martin Wagner adresse un long ballon aérien dans la surface de réparation bulgare. Après un rebond, Jürgen Klinsmann contrôle le ballon et se heurte au chauve Yordan Letchkov et tombe sur la pelouse. M. Torres Cadena, l'arbitre colombien, siffle aussitôt un penalty en faveur de la Nationalmanschaft. Lothar Matthäus le transforme.

2 - CE QUE DIT LA VIDÉO

Dès le coup de sifflet de l'arbitre colombien, Yordan Letchkov, qui joue à Hambourg, adresse un signe d'incompréhension à Klinsmann. À l'évidence, les deux hommes se frôlent mais on peut reprocher aux deux hommes un pied levé. C'est vrai que Klinsmann touche le ballon et pas Letchkov mais l'attaquant allemand se laisse clairement tomber dès lors qu'il réalise qu'il ne pourra pas récupérer ce ballon. M. Torres Cadena n'aurait pas dû accorder ce penalty.

3 - LES CONSÉQUENCES

« Bien mal acquis ne profite jamais », dit un proverbe... Les Allemands seront incapables de préserver ce court avantage jusqu'au bout et de défendre leur titre de champion du monde en demi-finale. Dans le dernier quart d'heure, les Bulgares vont inverser le score par Hristo Stoitchkov, l'attaquant du FC Barcelone, sur un coup franc magistral, et par... Yordan Letchkov qui catapulte de son crâne chauve le ballon de la victoire au fond du but de Bodo Illgner.

ITALIE / CHILI (2-2)

LE 11 JUIN 1998 À BORDEAUX

FRANCE 98 WORLD CUP

Coupe du monde 1998
FRANCE
du 10 juin au 12 juillet 1998

Un cadeau pour Baggio

1 - LES FAITS

Marcelo Salas a frappé deux fois et les Italiens sont menés 1-2 à 5 minutes du terme de leur premier match dans cette Coupe du monde. Cesare Maldini, le sélectionneur des Azzurri, a fait rentrer Luigi Di Biagio, Enrico Chiesa et Filippo Inzaghi pour épauler Robert Baggio. Ce dernier récupère une mauvaise relance destinée à Francisco Rojas et se replace en direction du but. À l'entrée de la surface de réparation, côté droit, le Ballon d'Or 1993 tente un centre mais le ballon est dévié de sa trajectoire par la main du Chilien Ronald Fuentes. M. Lucien Bouchardeau, arbitre nigérien, accorde un penalty que Baggio marque quatre ans après avoir raté son tir au but en finale contre le Brésil (0-0) à Los Angeles.

2 - CE QUE DIT LA VIDÉO

M. Bouchardeau écarte d'un revers de main les protestations chiliennes. Il n'y a aucun doute sur le fait que le ballon de l'Italien est touché par la main droite du défenseur chilien. Mais celle-ci est totalement involontaire et, à l'époque, la notion d'intentionnalité était encore déterminante. L'arbitre nigérien n'était donc pas obligé de siffler en faveur de la Nazionale sur cette action. Il le serait aujourd'hui et Fuentes aurait tout intérêt à défendre les mains dans le dos.

3 - LES CONSÉQUENCES

Ce résultat nul a mis en confiance les Italiens qui sont sortis en tête de ce groupe avec 7 points (sur 9 possibles). Un revers d'entrée aurait fragilisé la belle assurance de la Nazionale. Mais un tel résultat combiné à une victoire camerounaise sur ce même Chili (voir p.19) n'aurait finalement rien changé au classement final de ce groupe.

TUNISIE / UKRAINE (1-0)

LE 23 JUIN 2006 À BERLIN

Coupe du monde 2006
ALLEMAGNE
du 9 juin au 9 juillet 2006

les Tunisiens victimes de Chevtchenko

1 - LES FAITS

Le Ballon d'Or 2004, Andrei Chevtchenko, et les Ukrainiens butent sur une courageuse Tunisie, réduite à dix en fin de première période (Zied Jaziri exclu 45e+1), depuis 70 minutes lorsque l'attaquant du Milan AC s'infiltre dans la défense, entre Karim Haggui et le gardien Ali Boumnijel. Chevtchenko s'extirpe de cette tenaille tunisienne et tombe dans la surface de réparation. M. Carlos Amarilla, l'arbitre paraguayen, désigne le point de penalty malgré les protestations des Tunisiens. Chevtchenko marque.

2 - CE QUE DIT LA VIDÉO

Une fois qu'il a effacé le gardien tunisien, Andrei Chevtchenko distance Karim Haggui mais ce dernier fait bien attention à ne pas le faire tomber. Ce n'est pas à cause d'une faute du défenseur tunisien que l'attaquant ukrainien termine le nez dans la pelouse mais parce qu'il se fait un croche-pied tout seul ! M. Amarilla n'aurait pas dû siffler un penalty. Il aurait même pu sanctionner l'attaquant ukrainien pour simulation.

3 - LES CONSÉQUENCES

Ce penalty, transformé par Chevtchenko lui-même à 20 minutes de la fin du temps réglementaire, condamne la Tunisie, qui joue à dix depuis le début de la deuxième période. Or, cinq minutes auparavant, une frappe sur coup franc d'Anis Ayari a été effleurée de la main par l'Ukrainien Voronine, présent dans le mur. Difficile de dire si le ballon aurait attrapé le cadre mais le mur étant dans la surface de réparation, M. Amarilla aurait dû siffler un penalty. Avec un peu de réussite, la Tunisie aurait donc pu s'imposer et se qualifier pour les huitièmes de finale (contre la Suisse). Quant à M. Amarilla, sa carrière en Coupe du monde s'est arrêtée là, à Berlin, même s'il a ensuite été retenu pour la Coupe du monde 2010 en Afrique du Sud mais écarté au mois de février pour ne pas avoir satisfait les tests physiques (et remplacé par l'Uruguayen Vasquez Busqueta).

ITALIE / AUSTRALIE (1-0)

LE 26 JUIN 2006 À KAISERSLAUTERN

Coupe du monde 2006
ALLEMAGNE
du 9 juin au 9 juillet 2006

Grosso : « J'ai peut-être accentué le mouvement »

1 - LES FAITS

Marco Materazzi exclu à la 50e minute pour une faute sur l'Australien Marco Bresciano, les Italiens sont en infériorité numérique pour arracher leur billet en quart de finale. Au bout du bout du temps additionnel, Fabio Grosso reçoit une longue ouverture sur la gauche, dribble l'Australien Bresciano puis se heurte à Lucas Neill et tombe dans la surface de réparation. M. Medina Cantalejo, l'arbitre espagnol, siffle un penalty que Francesco Totti (rentré à la 75e minute) transforme.

2 - CE QUE DIT LA VIDÉO

Après avoir effacé Bresciano, Fabio Grosso doit éviter le retour de Lucas Neill : le latéral italien fait passer son ballon sur la droite alors que le défenseur australien est embarqué vers la gauche par son tacle glissé. Neill se couche bien pour éviter de toucher Grosso qui se laisse tomber. « J'étais épuisé, je n'avais plus la force de continuer, j'ai senti un contact et je suis tombé, a confié l'international italien quelque temps plus tard. J'ai peut-être un peu accentué le mouvement. » À l'évidence, il n'y avait pas penalty.

3 - LES CONSÉQUENCES

Sans ce penalty cadeau marqué à la 90e+5, les Azzurri auraient dû disputer à dix la prolongation. Or, ils avaient déjà procédé à leurs trois remplacements (Iaquinta, Barzagli et Totti) alors que Guus Hiddink, l'entraîneur néerlandais de l'Australie, avait encore la possibilité de faire deux changements. Déjà en supériorité numérique, les « Socceroos » auraient pu compter sur du sang frais, notamment celui de l'expérimenté Harry Kewell, décisif contre la Croatie au premier tour. La 4e étoile de l'Italie serait peut-être encore à conquérir...

BRÉSIL / CROATIE (3-1)

LE 12 JUIN 2014 À SAO PAULO

Fred avait raté son contrôle

1 - LES FAITS

À 20 minutes de la fin du match d'ouverture, la Seleçao bute toujours sur la défense croate, bien regroupée devant le but de Stijpe Pletikosa. Sur une passe (de la droite) d'Oscar, Fred, l'ancien avant-centre de Lyon, essaie de contrôler le ballon dos au but. Il est marqué de près par Dejan Lovren. Alors que le ballon rebondit, Fred tombe en arrière ! M. Nishimura, l'arbitre japonais, accorde un penalty aux Brésiliens.

2 - CE QUE DIT LA VIDÉO

La contestation des Croates auprès de l'arbitre nippon ne change rien. Au ralenti, on voit que Lovren touche Fred, la faute est pourtant extrêmement légère. Mais il ne lui accroche pas le maillot et ne le déséquilibre pas. C'est Fred qui se jette en arrière en levant les bras dès lors qu'il constate qu'il ne pourra pas récupérer le ballon dans de bonnes conditions car son contrôle était un peu long. M. Nishimura n'aurait pas dû siffler le penalty.

3 - LES CONSÉQUENCES

L'arbitre nippon sera d'ailleurs le premier éliminé de cette Coupe du monde, invité à retourner chez lui après sa médiocre prestation à Sao Paulo. M. Nishimura avait également refusé un but (égalisateur à 2-2) pour une prétendue faute d'Ivica Olic sur un duel aérien avec le gardien brésilien. Les Croates, qui encaisseront un troisième but en toute fin de partie, auraient pu emporter au moins le point du nul. Et les Brésiliens aborder la suite de la compétition avec moins de certitudes… et plus d'humilité.

Thiago Silva, une faute en dehors de la surface

1 - LES FAITS

Humiliés par les Allemands (1-7) en demi-finale 4 jours plus tôt, les Brésiliens peuvent atténuer la douleur de leurs supporters en remportant le match pour la troisième place face aux Néerlandais, finalistes de la Coupe du monde 2010 et tombeurs des Espagnols (5-1) au premier tour. Sans Neymar, sérieusement blessé en quart de finale (voir p.109), la Seleçao attaque la partie pleine de bonnes intentions. Sur un contre, Robin Van Persie prolonge pour Arjen Robben, qui arrive lancé et distance Thiago Silva. Le capitaine brésilien accroche l'attaquant du Bayern Munich. M. Djamel Haimoudi, l'arbitre algérien, désigne le point de penalty et Van Persie marque en force.

2 - CE QUE DIT LA VIDÉO

La vitesse de Robben pose un problème insoluble à Thiago Silva, qui était suspendu pour la demi-finale contre les Allemands. Le capitaine de la Seleçao commet donc une faute en retenant l'attaquant néerlandais par l'épaule. Mais il fait cette faute à l'extérieur de la surface de réparation. C'est d'ailleurs ce qu'indiquent les joueurs brésiliens à l'arbitre algérien : il aurait dû siffler un coup franc mais pas un penalty.

3 - LES CONSÉQUENCES

Alors qu'ils avaient besoin de retrouver de la confiance après la déroute en demi-finale, les Brésiliens se retrouvent d'entrée touchés au moral par cette décision arbitrale défavorable. Ils ne vont jamais retrouver le bon tempo et vont encaisser deux autres buts (Blind, 17e et Wijnaldum, 90e+1') pour finir à la quatrième place d'une Coupe du monde qu'ils espéraient remporter devant leur public. Sans ce penalty encaissé d'entrée, les Brésiliens se seraient résignés moins rapidement.

LES CARTONS ROUGES OUBLIÉS

De Schumacher à Zuniga, de Vava à Tassotti, les auteurs de fautes flagrantes n'ont pas toujours été sanctionnés comme ils auraient dû l'être. Souvent parce que l'arbitre n'avait pas vu l'action ! Avec l'assistance vidéo à l'arbitrage (VAR), ces « bourreaux » n'auraient pas fini le match. Leur équipe réduite à dix (ou à neuf) n'aurait probablement pas obtenu le même résultat final.

HONGRIE / ALLEMAGNE (8-3)

LE 20 JUIN 1954 À BÂLE

Puskás était ciblé

1 - LES FAITS

Les Allemands effectuent leur retour en Coupe du monde après avoir été réintégrés au sein de la FIFA (ils étaient au ban des nations après la Seconde Guerre mondiale) et ils sont déjà menés 5-1, au bout d'une heure, lors de ce match du premier tour, par des Hongrois déchaînés. Sur une nouvelle attaque de l'Aranycsapat (l'équipe dorée en hongrois), Ferenc Puskás vole après un contact avec Werner Liebrich. L'attaquant hongrois reste de longues minutes au sol avant de quitter le terrain, en laissant son équipe à dix. M. Ling, l'arbitre anglais, ne prend aucune décision contre Werner Liebrich.

2 - CE QUE DIT LA VIDÉO

Ferenc Puskás avait déjà été l'objet d'au moins deux agressions de la part de Werner Liebrich, un défenseur de Kaiserslautern, qui, à 27 ans, ne comptait que 3 sélections avec la Nationalmanschaft. Sa titularisation inattendue pouvait être liée au besoin d'affaiblir physiquement les favoris hongrois pour la suite du tournoi. La faute est indiscutable et M. Ling aurait dû exclure le défenseur allemand.

3 - LES CONSÉQUENCES

Comme la Hongrie menait déjà 5-1, l'exclusion de Werner Liebrich n'aurait pas changé grand-chose sur ce match finalement remporté 8-3 par l'Aranycsapat. Mais plus de sévérité de la part de l'arbitre anglais, avant même l'agression fatale à Puskás, aurait freiné l'ardeur destructrice du défenseur de Kaiserslautern. Elle aurait aussi donné un signal significatif aux autres équipes et éviter la conclusion en bagarre générale du quart de finale Hongrie-Brésil, qui s'est terminé à neuf contre neuf avec 3 exclusions et 1 blessé (voir p. 70). Mieux protégé, Ferenc Puskas aurait peut-être pu jouer la finale en meilleure condition et... changer le cours de l'histoire (voir pp. 14-15).

Coupe du monde 1954
SUISSE
du 16 juin au 4 juillet 1954

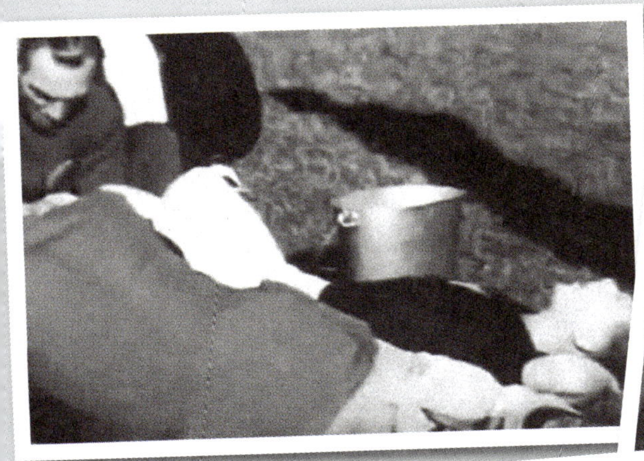

CONTRAT SUR PUSKÁS !

Historien du football hongrois, Péter Török témoigne de ce dialogue (en hongrois) à la mi-temps de ce premier Hongrie-Allemagne, à Bâle, entre Ferenc Puskás et Josef Posipal, international allemand originaire de Transylvanie (hongroise) :

Puskás – « Dis à ce mal dégrossi de Liebrich que je lui ferai autant de petits ponts que je veux. »

Posipal – « Ce n'est pas une bonne idée, Liebrich n'est pas un tendre, on ne peut pas s'amuser avec lui. »

Puskás – « Ce n'est pas ton affaire. »

Un quart d'heure après le début de la deuxième période, Ferenc Puskás était contraint de laisser ses compatriotes hongrois à dix.

CHILI / ITALIE (2-0)

LE 2 JUIN 1962 À SANTIAGO

La bataille de Santiago

1 - LES FAITS

Il a fallu appeler les forces de l'ordre chiliennes pour faire sortir l'Italien Ferrini exclu dès la 8ᵉ minute par M. Aston, le célèbre arbitre anglais. Ça a retardé le déroulement du match de 5 bonnes minutes... À l'approche de la mi-temps, alors que le score est toujours de 0-0, Lionel Sanchez tente un dribble devant l'Italien Mario David : il tombe mais garde le ballon bloqué entre ses jambes et le défenseur du Milan AC tape dedans ! L'attaquant chilien se relève et assène un crochet du gauche à David, qui s'effondre.

2 - CE QUE DIT LA VIDÉO

L'agression de Lionel Sanchez sur Mario David ne fait aucun doute. Le juge de touche, qui était tout près, se précipite pour calmer l'attaquant de la Roja, qui saute à cloche-pied en montrant sa jambe touchée, alors que le défenseur du Milan AC est allongé sur la pelouse. Même victime d'une faute, un joueur n'a pas le droit de se faire justice lui-même et M. Aston aurait dû exclure Lionel Sanchez. Il aurait pu également sortir Mario David... ce qu'il fera deux minutes plus tard pour une agression en forme de règlement de comptes du défenseur italien sur l'attaquant chilien.

3 - LES CONSÉQUENCES

Poussés par leur public dans l'ambiance électrique de l'Estadio Nacional de Santiago, les Chiliens ont un sentiment d'impunité total. Les Italiens, eux, se retrouvent réduits à neuf avant le repos (exclusion de Ferrini puis de David) et vont s'arc-bouter en défense toute la seconde période. Les Azzurri ne craqueront qu'en toute fin de partie (Ramirez, 75ᵉ, Toro, 89ᵉ). Même si on n'a pas regretté cette équipe italienne capable, pour ce match, de laisser en tribune Omar Sivori, le Ballon d'Or 1961, et Gianni Rivera, qui le sera en 1969, le déroulé de cette rencontre laisse un goût de scandale. Et le sentiment renforcé que le pays organisateur bénéficie toujours de l'arbitrage à la maison.

Coupe du monde 1962
CHILI
du 30 mai au 17 juin 1962

L'ORIGINE DU CARTON ROUGE

Arbitre de cette « bataille de Santiago », Kenneth George Aston en a conclu qu'il fallait trouver des solutions plus efficaces pour diriger les joueurs, notamment ceux qui étaient « invités » (selon le fair-play britannique) d'un simple geste de la main à quitter l'aire de jeu. Ancien lieutenant-colonel de l'armée des Indes, M. Aston était un arbitre inventif. En 1946, il avait été le premier à s'habiller de noir alors qu'en Angleterre les autres arbitres se contentaient d'une chemise blanche et d'une veste de tweed. L'année suivante, il avait suggéré que les juges de touche aient des drapeaux de couleur afin qu'on les discerne mieux dans le brouillard.
Lors de la Coupe du monde 1966 en Angleterre, M. Aston assiste, stupéfait, au refus de l'Argentin Rattin de quitter la pelouse de Wembley sous prétexte qu'il ne comprend pas les consignes de l'arbitre allemand, M. Kreitlein. La solution lui vient lorsqu'il se retrouve à un carrefour et que le feu de signalisation passe de l'orange au rouge : il faut doter l'arbitre de cartons de couleur. Devenu responsable de la désignation des arbitres lors de ce Mondial anglais, Ken Aston n'aura aucun mal à faire adopter par la FIFA, présidée par son compatriote Stanley Rous, ce système de cartons à partir de la Coupe du monde 1970. Le premier jaune sera attribué le 31 mai 1970 au Soviétique Asatiani par l'Allemand Karl Tschenscher, lors de Mexique-URSS (0-0). Le premier rouge le 14 juin 1974 au Chilien Carlos Caszely par le Turc Dogan Babacan, lors de Allemagne-Chili (1-0).

LE DRAME D'ESCHMANN

Passé par l'OM (1958-1960) puis le Stade Français (1960-1963), Norbert Eschmann est, à 29 ans, l'élégant meneur de jeu de la sélection suisse, opposé à l'Allemagne le 3 juin 1962 à Santiago. À la 14e minute, il est victime d'un tacle aveugle de Horst Szymaniak, défenseur du club italien de Catane, et doit quitter ses coéquipiers. Le diagnostic sera sans appel : fracture de la jambe ! Comme il n'y avait pas de remplacements à l'époque, les Suisses terminent la rencontre à dix et s'inclinent 2-1. L'extrême clémence de M. Leo Horn, l'arbitre néerlandais, n'a pas valu à Szymaniak l'exclusion qu'il méritait. À dix contre dix, les Suisses n'auraient peut-être pas gagné mais la violence aurait été justement sanctionnée. Norbert Eschmann, qui était dans la sélection suisse en 1954 (mais n'avait pas été aligné), ne jouera pas d'autres Coupes du monde.

BRÉSIL / PORTUGAL (1-3)

LE 19 JUILLET 1966 À LIVERPOOL

Pelé stoppé par un tacle assassin

1 - LES FAITS

Battus par de brillants Hongrois (1-3) quatre jours plus tôt à Goodison Park, les champions du monde brésiliens doivent absolument s'imposer pour se qualifier en quart de finale. Ils comptent sur leur Roi, Pelé, absent contre la Hongrie, pour faire la différence face au Portugal d'Eusebio. Mais ils sont menés 0-2 (deux buts de la tête !) après 26 minutes de jeu lorsque... Pelé est fauché par Joao Pedro Morais, l'arrière droit du Sporting. Le champion brésilien est contraint de sortir en s'appuyant sur les soigneurs mais M. McCabe, l'arbitre anglais, ne prend aucune sanction contre le défenseur portugais.

2 - CE QUE DIT LA VIDÉO

Le Portugais Morais s'y prend à deux fois pour stopper Pelé. La première ne semble pas répréhensible : d'ailleurs, le Brésilien se relève et garde le contrôle du ballon. Sur sa deuxième intervention, en revanche, le défenseur du Sporting attrape la jambe droite de Pelé qui retombe et ne se relève... que bien plus tard, avec l'aide des soigneurs. Mais comme le génie de Santos en a un peu rajouté sur sa première chute, avant de se relever, l'arbitre anglais pense qu'il y a peut-être un peu d'intox ; il ne mesure pas la gravité de la blessure de Pelé qui finira le match sur une jambe. M. McCabe aurait quand même dû exclure Morais.

3 - LES CONSÉQUENCES

Menée au score, la Seleçao est doublement handicapée : elle se retrouve à dix car son meilleur joueur n'est plus en état de jouer (même s'il revient sur le terrain car les remplacements ne sont pas encore autorisés) et son adversaire portugais reste au complet. Dans ce contexte, impossible de refaire son retard ! Finalement battu 3-1, le Brésil est éliminé dès le premier tour, ce qui ne lui était plus arrivé depuis 1934. Avec un Pelé mieux protégé, ça ne serait probablement pas terminé ainsi.

LES CONFIDENCES DE MORAIS

Adulé par les supporters du Sporting, à Lisbonne, pour avoir marqué le but de la victoire sur le MTK (1-0) en finale de la Coupe des coupes 1964, Joao Pedro Morais (décédé en 2010) doit sa notoriété à ce tacle assassin sur Pelé qu'il racontait ainsi dans *L'Équipe légendes* en 2008 : « Sur l'action où Pelé s'est fait mal, j'ai cru un instant apercevoir le ballon sur son flanc droit mais je n'étais pas sûr. J'ai quand même lancé les deux jambes. Je l'ai pris en ciseau. Il est tombé. » Contraint de sortir, Pelé est tout de même revenu pour faire nombre et... se venger selon Morais : « Une fois revenu sur le terrain, avec le genou droit bandé, il s'est approché de moi et m'a menacé : "Toi, le petit pédé, je vais te casser la jambe ! Tu ferais mieux de penser à faire tes valises, vous êtes fichus !"

Notre capitaine, Coluna, est alors intervenu : "Eh Pelé, tu ferais bien de te méfier. Morais est un vrai dur. Il va t'en remettre une." »

Un peu plus tard, sur un ballon aérien, Pelé a mis à exécution sa vengeance : « Je me suis lancé pour dégager le ballon, poursuit Morais, et Pelé m'a filé un coup de boule en pleine pommette. J'ai vu quelques étoiles et Pelé s'est approché de moi et m'a juste dit : "Tu vois, je t'avais promis de te choper !" »

Deux mois plus tard, à l'occasion de la 1ère journée du Championnat portugais avec le Sporting, Joao Pedro Morais tombera sur plus dur que lui : « Un Brésilien dont j'ai oublié le nom m'a "explosé" le pied. Fracture. Il est venu me voir après et m'a juste dit : "Tu vois ce que tu as fait à Pelé ? Et bien, c'est ton tour maintenant..." »

JETCHEV : « J'AI COMMENCÉ LE TRAVAIL, MORAIS L'A FINI »

Une semaine avant de rencontrer le Portugal, le Brésil joue la Bulgarie. Pelé ouvre le score dès la 14e minute (Garrincha double la mise à la 63e) mais il est l'objet d'un traitement particulièrement musclé du stoppeur Dobromir Jetchev. Même s'il termine ce premier match (il n'y avait pas de remplacement à l'époque), Pelé doit déclarer forfait contre la Hongrie. Dans un entretien au journal *L'Équipe* en 2014, le Bulgare est revenu sur ce duel particulier :

« Je devais m'occuper des joueurs adverses les plus dangereux : Eusebio, Pelé, Riva... Les consignes, c'était : " il faut jouer dur." »

« D'entrée, je le tacle, je prends le ballon. Il comprend que ce sera difficile pour lui. »

« J'étais avec lui tout le temps mais on ne lui faisait la passe que sur son contre-appel et, à chaque fois, j'étais en retard. On ne connaissait pas cette manière de jouer. Quand Pelé avait le ballon, ce n'était pas un problème pour moi. Le problème, c'était de le rattraper. »

« Je l'ai attrapé souvent. J'ai même perdu une chaussure dans un contact mais, même en chaussettes, j'avais réussi à l'arrêter. »

« J'ai commencé le travail, Morais l'a fini. C'est la vérité. Le Brésil nous a rencontré en premier. Le deuxième match, Pelé l'a joué ? Non. »

ITALIE / ALLEMAGNE (4-3 ap)

LE 17 JUIN 1970 À MEXICO

Le vol plané de Beckenbauer

1 - LES FAITS

Allemands et Italiens se disputent une place en finale de la Coupe du monde. Les Azzurri ont rapidement pris les devants par Roberto Boninsegna (8e) et la Nationalmannschaft pousse pour égaliser. Sur une passe de Bernd Patzke, à l'heure de jeu, Franz Beckenbauer part plein axe, échappe à Giancarlo De Sisti et s'apprête à pénétrer dans la surface d'Enrico Albertosi. Mais il se heurte à Pierluigi Cera, défenseur central de Cagliari, et finit allongé sur la pelouse. M. Arturo Yamasaki, l'arbitre péruvien, accorde un coup franc à la limite de la surface de réparation.

2 - CE QUE DIT LA VIDÉO

C'est la principale préoccupation des Italiens : que l'arbitre ne les sanctionne pas d'un penalty. Ils ne contestent pas la faute et ils peuvent difficilement faire autrement quand on voit Pierluigi Cera attendre sans se soucier du ballon l'arrivée à sa hauteur de Beckenbauer pour mieux l'envoyer valdinguer dans la pelouse. Or, l'arbitre péruvien ne réalise pas la gravité de la blessure de Beckenbauer qui finira la rencontre, clavicule cassée, avec un bandage sur l'épaule. L'intégrité physique de l'adversaire étant mise en danger, le défenseur de Cagliari aurait pu être exclu.

3 - LES CONSÉQUENCES

En supériorité numérique, les Allemands n'auraient peut-être pas eu besoin de pousser jusqu'à la dernière minute pour gagner le droit d'aller en prolongation (et de perdre 3-4). En effet, ils se retrouvent avec un leader, Franz Beckenbauer, diminué face à un adversaire toujours au complet. Et comme les deux changements en cours de match (autorisés depuis ce Mondial 1970) ont déjà eu lieu côté allemand, le joueur du Bayern Munich se retrouve dans l'obligation de finir ce match historique avec un bras en écharpe.

Coupe du monde 1970

MEXIQUE

du 31 mai au 21 juin 1970

L'attaquant chilien Carlos Caszely surnommé El Chino ou El Rey del Metro Cuadrado.

LE PREMIER CARTON ROUGE EN 1974

Il y a eu des cartons jaunes mais pas un seul rouge lors de la Coupe du monde 1970, la première où les arbitres ont pu utiliser ces bouts de cartons colorés pour matérialiser aux yeux du public l'avertissement ou l'exclusion. Il faudra donc attendre 1974 pour voir le premier carton rouge et... Franz Beckenbauer était aux premières loges. C'est sous les yeux du capitaine allemand que M. Dogan Babacan, un arbitre turc, a exclu l'attaquant chilien Carlos Caszely, coupable d'un coup de pied au derrière de Berti Vogts, à la 67e minute de RFA-Chili, le 14 juin 1974 à Berlin. Les Allemands s'imposeront 1-0, grâce à un but de Paul Breitner (16e). L'arbitre turc ne dirigera pas d'autre match de Coupe du monde.

ALLEMAGNE / FRANCE (3-3 ap)

LE 8 JUILLET 1982 À SÉVILLE

L'attentat sur Battiston

1 - LES FAITS

Pour rejoindre les Italiens (vainqueurs des Polonais 2-0 plus tôt dans la journée) en finale à Madrid, Allemands et Français se rendent coup pour coup sur la pelouse du stade Sanchez Pizjuan à Séville. Pierre Littbarski a ouvert le score pour l'Allemagne (de l'Ouest) dès la 17e minute et Michel Platini a égalisé sur penalty à la 26e minute. À la 57e minute, sur une ouverture de son ami Platini, Battiston part plein axe, dans le dos de la défense centrale allemande. Alors qu'il approche de la surface de réparation, Harald Schumacher, le gardien allemand, sort pour fermer l'angle de tir que déclenche Battiston avant le retour du défenseur Manfred Kaltz. Le ballon de Battiston passe juste à côté du but allemand mais, dans son élan, Schumacher tamponne le joueur français, qui reste K.O. sur la pelouse. Quelques instants plus tard, Battiston est évacué sur une civière, accompagné jusqu'à la touche par Platini et remplacé par Christian Lopez, un autre défenseur. M. Charles Corver, l'arbitre néerlandais, fait reprendre le match par un engagement de Schumacher.

2 - CE QUE DIT LA VIDÉO

Lorsqu'il sort au-devant de Patrick Battiston, Harald Schumacher se précipite pour réduire au maximum l'angle de tir du joueur français. Il réussit d'ailleurs sa sortie puisque la frappe du gauche de Battiston ne trouve pas le cadre du but allemand. Mais, au moment où il arrive à la limite de la surface de réparation, Schumacher balance un « coup de cul » dans la figure du défenseur de l'AS Saint-Étienne. Une agression volontaire et gratuite qui méritait une exclusion immédiate et un penalty.

3 - LES CONSÉQUENCES

Avec un arbitrage juste, l'équipe de France aurait eu la possibilité de prendre l'avantage (sur penalty) et se serait retrouvée en supériorité numérique pour la suite de la rencontre. Schumacher exclu, Jupp Derwall, le sélectionneur allemand, aurait dû faire rentrer un autre gardien, Eike Immel ou Bernd Franke, et retirer un joueur de champ. Il aurait aussi été privé d'un remplacement décisif pour la fin du match (après celui de Magath par Hrubesch à la 73e minute), à savoir celui de Briegel par Rummenigge (97e), auteur d'un but en prolongation. Les Français, eux, n'avaient plus de remplacements possibles (puisqu'il n'y en avait que deux autorisés à l'époque) et ils ont dû jouer la dernière demi-heure et la prolongation avec le même onze. Par son inaction, l'arbitre néerlandais a provoqué une grande injustice.

M. CORVER : « AVEC LA VIDÉO, J'AURAIS PU PRENDRE LA BONNE DÉCISION »

En juillet 2015, M. Charles Corver, l'arbitre expérimenté (il avait 46 ans) de ce France-Allemagne, est revenu sur cet accident dans un entretien au mensuel *SoFoot*. Verbatim :
« Au moment de l'accident, j'ai directement foncé près de mon assistant* qui m'a dit : " It was not intention " (ce n'était pas intentionnel). Que pouvais-je donc faire étant donné que je n'avais rien vu ? Je voyais seulement Battiston étendu sur le sol... Après, évidemment, j'ai pu voir le déroulement de l'action sur les images. Mais, sur le moment même, je n'ai pas quitté le ballon des yeux. »
« Lors de l'accident et même après, je n'ai reçu aucune protestation des Français. C'est arrivé quand Platini a déclaré dans une interview qu'il avait dû jouer contre 12 Allemands... Il y a bien sûr eu des critiques concernant l'accident, mais ça, je peux très bien les comprendre. »
« Oui, Schumacher était très nerveux. Son comportement était très discutable parce que quand l'accident s'est produit, il n'est absolument pas venu auprès de Battiston pour faire ses excuses ou même voir comment allait le Français. Il disait : "Je n'ai rien fait, ce n'est pas ma faute !" Je dois dire qu'il m'a beaucoup irrité. »
« S'il y avait eu la vidéo en 1982 et qu'on m'avait dit qu'il y avait eu un accident directement causé par Schumacher, j'aurais pu prendre la bonne décision. C'est pour ça que je suis un des défenseurs de la vidéo. »

* L'Écossais Bob Valentine avait dirigé « le match de la honte » entre Allemands et Autrichiens (1-0) au premier tour à Gijon.

Michel Platini accompagne
Patrick Battiston,
toujours inconscient,
lors de sa sortie
du terrain.

ARGENTINE / ITALIE (1-2)

LE 2 JUILLET 1982 À BARCELONE

Marquage musclé sur Maradona

Coupe du monde 1982
ESPAGNE
du 13 juin au 11 juillet 1982

1 - LES FAITS

Pour contrer les champions du monde argentin, au deuxième tour de ce Mondial en Espagne, Enzo Bearzot, le sélectionneur italien, décide de confier le marquage de Diego Maradona à Claudio Gentile. L'habituel arrière-droit de la Juventus, qui a visionné des cassettes du génial argentin pendant les deux jours précédant la rencontre, a remarqué qu'il ne faut pas le laisser se retourner pour qu'il soit face au jeu. Alors, Gentile ne lâche pas d'une semelle « El Pibe de Oro » (le gamin en or). M. Nicolae Rainea, l'arbitre roumain, lui adresse un carton jaune en début de match mais ne trouvera pas d'autres raisons de le renvoyer au vestiaire avant le coup de sifflet final.

2 - CE QUE DIT LA VIDÉO

On recense pourtant 6 fautes de Claudio Gentile sur Diego Maradona au cours du match. Bien sûr, l'arbitre ne peut faire appel à l'assistance vidéo (VAR) que pour un carton rouge direct et Gentile, alors âgé de 28 ans, était assez roublard pour éviter la grosse faute (il n'a jamais été exclu dans sa carrière). Maradona disputait, lui, à 21 ans, sa première grande compétition internationale. Reste que sur les 5 autres fautes non sanctionnées, le défenseur italien serait aujourd'hui sûrement averti une seconde fois et, par conséquent, exclu du terrain. Mais, ce jour-là, M. Nicolae Rainea a attribué 4 autres cartons jaunes : à Paolo Rossi, Mario Kempes, Oswaldo Ardiles et... Diego Maradona.

3 - LES CONSÉQUENCES

À dix contre onze, la tâche de la Nazionale italienne aurait été plus délicate même si elle a mené 2-0 (Tardelli, 57e et Cabrini, 67e) avant que Daniel Passarella, le capitaine argentin, ne réduise la marque sur coup-franc (83e) et que son compatriote Americo Gallego ne soit exclu (84e). L'exclusion de Gentile aurait singulièrement compliqué les plans du sélectionneur italien. En mai 1979 à Rome, ces mêmes Argentins avaient obtenu un nul lors d'un match amical où ils avaient égalisé (à 2-2) par Passarella sur un penalty sifflé pour une faute de Tardelli sur Maradona. C'est la raison pour laquelle Enzo Bearzot a confié le marquage du n°10 argentin à Gentile. Un autre joueur de la Nazionale aurait pu s'y coller pour le temps qu'il restait à jouer...

FRANCE / BRÉSIL (1-1)

LE 21 JUIN 1986 À GUADALAJARA

Coupe du monde 1986
MEXIQUE
du 31 mai au 29 juin 1986

Bellone aurait dû tomber

1 - LES FAITS

Michel Platini (42e) a répondu à Careca (18e), Joël Bats a repoussé un penalty de Zico (75e) et ce quart de finale grandiose est entré en prolongation pour départager Français et Brésiliens. Bruno Bellone vient de rentrer (à la 99e minute) et, sur une ouverture de Platini, le jeune attaquant, frais, fonce vers le but de la Seleçao. Mais Carlos, le gardien brésilien, vient à sa rencontre. Bellone pousse le ballon hors de sa portée mais le gardien s'accroche à lui, le déséquilibre et permet ainsi le retour de Josimar, qui récupère ce ballon et repart en contre-attaque. M. Ioan Igna, l'arbitre roumain, fait signe de continuer à jouer.

2 - CE QUE DIT LA VIDÉO

Michel Platini se précipite sur l'arbitre roumain. Il y a une faute flagrante de Carlos sur Bellone qui a eu tort de... vouloir continuer à jouer. M. Igna estime qu'il a laissé l'avantage à l'attaquant français même si ce dernier, déséquilibré, a perdu son avance sur le défenseur brésilien Josimar et n'a pas pu aller au bout de son action. S'il était tombé, M. Igna n'aurait pas pu ignorer la faute du gardien brésilien. Celle-ci étant en dehors de la surface de réparation, il n'y avait pas penalty mais un bon coup franc pour l'équipe de France (qui avait de véritables spécialistes de l'exercice) et un carton rouge pour Carlos.

3 - LES CONSÉQUENCES

Seulement deux changements de joueur par équipe étaient possibles à l'époque et le Brésil les avait déjà effectués (Zico pour Müller et Silas pour Junior), tout comme la France d'ailleurs. Télé Santana, le patron de la Seleçao, n'aurait donc pas eu la possibilité de remplacer son gardien exclu et c'est un joueur de champ qui aurait dû mettre les gants. Et si le score était resté de parité jusqu'à la 120e minute, on aurait alors eu droit à une séance de tirs au but avec une équipe sans véritable gardien. Ce n'est encore jamais arrivé en Coupe du monde...

ITALIE / ESPAGNE (2-1)

LE 9 JUILLET 1994 À BOSTON

Triple fracture pour Luis Enrique

Coupe du monde 1994
ÉTATS-UNIS
du 17 juin au 17 juillet 1994

1 - LES FAITS

Une place en demi-finale de Coupe du monde est en jeu entre Italiens et Espagnols (qui ne se sont plus rencontrés en phase finale de Coupe du monde depuis 1934). On est dans les arrêts de jeu depuis 3 minutes et les Azzurri mènent 2-1 grâce à des buts de Dino Baggio (25e) et Roberto Baggio (88e) contre une réalisation de Caminero (58e) pour la Roja. Sur un centre de la droite de Goikoetxea, Luis Enrique s'avance vers le deuxième poteau du but défendu par Pagliuca. À la lutte avec Mauro Tassotti, le défenseur du Milan AC, l'attaquant espagnol s'effondre dans la surface de réparation italienne. Visage en sang, Luis Enrique est contraint de sortir mais M. Puhl, l'arbitre hongrois, ne siffle aucune faute : ni penalty pour les Espagnols, ni carton rouge pour Tassotti. Le match se termine dans la confusion, sans Luis Enrique, dont M. Puhl refuse le retour sur le terrain tant que son hémorragie nasale n'est pas arrêtée.

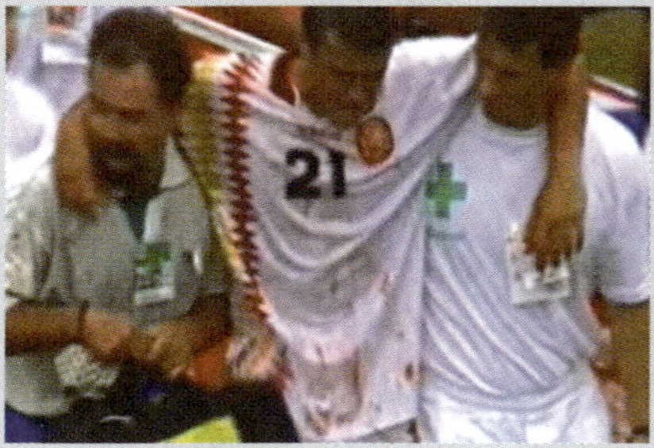

2 - CE QUE DIT LA VIDÉO

Pour la première fois dans l'histoire de la Coupe du monde, la FIFA intervient et prend une décision sur la base d'images vidéo 48 h après la rencontre. Comme la délégation espagnole n'a pas posé de réclamation, la FIFA se saisit elle-même du dossier et frappe fort : 8 matchs (internationaux) de suspension pour le défenseur du Milan AC, dont la Coupe du monde est alors terminée, et une amende de 20 000 francs suisses. « En principe, nous utilisons la vidéo pour obtenir des preuves supplémentaires, mais dans ce cas précis, il y a eu une violence grave, gratuite et préméditée dans le dos de l'arbitre qui n'a rien vu et n'a donc pas pu sanctionner ou inscrire quoi que ce soit dans son rapport, » explique alors Me Marcel Mathier, qui présidait la séance. « Après avoir visionné plus de 10 fois la cassette du match, nous avons estimé à l'unanimité qu'il fallait une sanction exemplaire pour le joueur incriminé. » Quant à Sandor Puhl, il arbitrera quand même la finale de Brésil-Italie !

3 - LES CONSÉQUENCES

Difficile de dire si l'Italie, réduite à dix, aurait craqué dans les ultimes minutes du temps additionnel. Au tour précédent, contre les Nigérians, les Azzurri avaient été réduits à dix par l'exclusion de Gianfranco Zola (voir p.117) à la 75e minute et ils avaient trouvé les ressources pour égaliser et s'imposer en prolongation (doublé de Roberto Baggio). Mais, si l'arbitre hongrois avait sifflé un penalty en plus de l'exclusion, c'eût été une toute autre histoire...

FRANCE / URUGUAY (0-0)

LE 6 JUIN 2002 À BUSAN

Coupe du monde 2002
CORÉE DU SUD ET JAPON
du 31 mai au 30 juin 2002

Vieira avait goûté aux crampons

1 - LES FAITS

Battus lors du match d'ouverture par les Sénégalais (0-1), les Bleus doivent gagner pour garder le droit de défendre leur titre de champion du monde. Mais ils sont réduits à dix dès la 25e minute par l'exclusion de Thierry Henry pour un tacle à retardement sur l'Uruguayen Romero. Privée de Zidane (blessé) et de Lebœuf (sorti sur blessure dès la 16e minute), l'équipe de France assure quand même le jeu mais l'Uruguay résiste avec sa combativité traditionnelle, la « garra », souvent à la limite. C'est ainsi que Patrick Vieira est victime d'une semelle de Dario Silva. L'arbitre mexicain, M. Ramos, ne sanctionne pas l'attaquant de la Celeste.

2 - CE QUE DIT LA VIDÉO

Comparé à la sanction de Thierry Henry, ce geste de Dario Silva mérite évidemment un carton rouge car il est dangereux pour l'intégrité physique de Patrick Vieira. Un simple carton jaune aurait eu le même effet car l'attaquant uruguayen avait déjà été averti pour un accrochage avec Lizarazu (48e). On rappelle que l'arbitre ne peut faire appel à l'assistance vidéo que pour un carton rouge direct.

3 - LES CONSÉQUENCES

Compte tenu de la physionomie de la partie, il avait été plus logique que la rencontre se poursuive à dix contre dix. « L'exclusion de Thierry Henry est méritée, avouait Emmanuel Petit après le match. Mais l'arbitre aurait pu ensuite sortir deux Uruguayens et il ne l'a pas fait. » Entre l'agression de Dario Silva sur Vieira et celle de Romero sur Micoud (sanctionnée seulement d'un carton jaune, 45e), M. Ramos avait la possibilité de rétablir l'équilibre numérique... Ça aurait pu offrir aux Bleus les espaces qui ont manqué pour arracher la victoire.

PORTUGAL / PAYS-BAS (1-0)

LE 25 JUIN 2006 À NUREMBERG

Cristiano Ronaldo agressé

1 - LES FAITS

Le ton de ce choc des huitièmes de finale est donné très tôt. Dès la 2e minute, Cristiano Ronaldo est victime d'une faute qui vaut à son auteur, Mark Van Bommel, un premier carton jaune. Cinq minutes plus tard, l'attaquant portugais est victime d'une nouvelle agression, de la part de Khalid Boulharouz. M. Ivanov, l'arbitre russe, sanctionne le défenseur néerlandais d'un simple avertissement.

2 - CE QUE DIT LA VIDÉO

Sur la cuisse de Cristiano Ronaldo, la marque de la semelle de Boulharouz est bien visible. Vu comment le défenseur néerlandais s'élance, pied haut et semelle en avant, il y a clairement une menace pour l'intégrité physique de l'attaquant portugais. On peut raisonnablement se demander s'il n'y a pas un contrat de la part des " Oranges " sur la flèche de Manchester United. C'est la deuxième agression caractérisée sur l'attaquant vedette du Portugal en à peine 5 minutes et M. Ivanov aurait dû sortir un carton rouge. Khalid Boulharouz sera logiquement exclu pour un 2e carton jaune à la 63e minute alors que le Portugal est à dix depuis l'exclusion de Costinha (45e+1).

3 - LES CONSÉQUENCES

Victime de fautes à répétition de la part des défenseurs néerlandais, Cristiano Ronaldo est contraint de sortir dès la 34e minute (remplacé par Simao Sabrosa) alors que le Portugal mène 1-0 (Maniche, 23e). La suite de ce huitième de finale sera une sinistre série de règlements de comptes entre Portugais et Néerlandais ponctuée par 16 cartons jaunes et 4 rouges.

Coupe du monde 2006
ALLEMAGNE
du 9 juin au 9 juillet 2006

LA BATAILLE DE NUREMBERG

Si ce huitième de finale Portugal-Pays-Bas a été baptisé « la bataille de Nuremberg », c'est parce qu'il n'y avait jamais eu autant de cartons dans un match de Coupe du monde : 20, 16 jaunes + 4 rouges. Mais comme il n'y a eu aucun rouge direct, ça signifie que « seulement » douze des 28 acteurs (dont 6 remplaçants) ont été sanctionnés : 7 Portugais et 5 Néerlandais. Pas assez sévère, M. Ivanov ? « Je considère que l'arbitre n'a pas été à la hauteur, a déclaré après match Sepp Blatter, alors président de la FIFA. On aurait pu lui mettre un carton jaune. » Une déclaration pour laquelle il s'excusera quelques jours plus tard. Mais la question reste : peut-on vraiment empêcher des joueurs belliqueux de transformer un match de football en bataille rangée ? Ce qui s'est passé ce jour-là sur la pelouse du Frankenstadion de Nuremberg reste heureusement un triste record sans suite. L'International Board recommande l'arrêt du match à partir du moment où une équipe est réduite à sept : ce n'est encore jamais arrivé en Coupe du monde...

ESPAGNE / PAYS-BAS (1-0)

LE 11 JUILLET 2010 À JOHANNESBURG

Le K.O. de Xabi Alonso

1 - LES FAITS

Depuis le coup d'envoi de cette finale entre deux nations qui n'avaient encore jamais gagné la Coupe du monde, les Oranges néerlandais ont du mal à contenir la furia de la Roja espagnole. À la 28e minute, Xavi sollicite un une-deux au milieu de terrain avec Xabi Alonso qui lui remet de la tête mais reçoit au même moment une charge de Nigel de Jong, pied en avant. Le milieu de terrain basque reste de longues minutes au sol avant de retrouver sa respiration et ses esprits. L'arbitre anglais, M. Webb, sanctionne de Jong d'un carton jaune.

2 - CE QUE DIT LA VIDÉO

Les joueurs espagnols (Xabi, Iniesta, Sergio Busquets) dénoncent l'engagement excessif du milieu de terrain de Manchester City auprès d'Howard Webb. Une intervention qui met en danger l'intégrité physique du joueur adverse mérite un carton rouge. Le pied de Nigel de Jong heurte la poitrine de Xabi Alonso alors qu'il vient de jouer le ballon de la tête et qu'un autre joueur néerlandais impliqué dans le duel, Mark Van Bommel, freine sa course. Mais l'arbitre anglais a une lecture « britannique » du jeu et il s'en tient à un simple avertissement pour de Jong. Le jeu dangereux du Néerlandais aurait pourtant dû être sanctionné d'une exclusion.

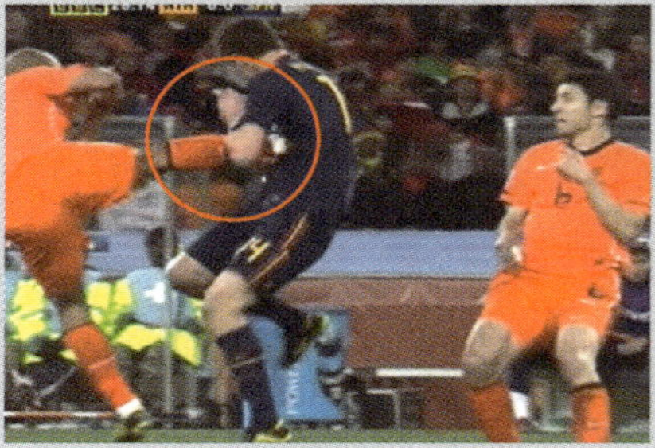

3 - LES CONSÉQUENCES

Robin Van Persie et Mark Van Bommel avaient déjà été avertis pour des tacles irréguliers lorsque de Jong intervient façon kung-fu. Il faudra 6 cartons jaunes aux Oranges brandis par M. Webb avant qu'il n'exclue Heitinga à la 109e minute pour un deuxième avertissement. Sept minutes plus tard, Iniesta marquait l'unique but de cette finale trop engagée. On peut donc facilement en déduire que l'Espagne, dominatrice, aurait fait la différence dans le temps réglementaire contre des Pays-Bas réduits à dix plus tôt.

Coupe du monde 2010
AFRIQUE DU SUD
du 11 juin au 11 juillet 2010

ROUGE POUR LA ROJA !

Le temps réglementaire de la finale à Johannesburg touche à sa fin. Sur un ballon prolongé de la tête par Robin Van Persie, Arjen Robben file vers le but d'Iker Casillas. Pris de vitesse par l'attaquant du Bayern Munich, Carles Puyol le freine en l'accrochant par le bras avant qu'il ne pénètre dans la surface espagnole. Ce n'est pas l'attaquant néerlandais qui tombe mais le défenseur catalan. Ça permet tout de même à Gerard Pique de revenir et, surtout, à Casillas de sortir dans le bon timing pour capter ce ballon dangereux. M. Webb ignore superbement la protestation de l'attaquant chauve des Pays-Bas. Elle est pourtant fondée car Robben est d'abord ralenti par Puyol, qui le ceinture, puis légèrement déséquilibré par la chute de l'Espagnol aux cheveux longs. Or, Puyol est clairement en position de dernier défenseur et il aurait dû être exclu. Mais comme M. Webb n'avait pas sorti de carton rouge (mais seulement un jaune) pour sanctionner la grossière faute de Nigel de Jong sur Xabi Alonso, il n'a pas souhaité pénaliser les Espagnols. L'arbitre anglais n'a même pas averti Puyol car il avait déjà reçu un carton jaune en début de match (dès la 16e minute) et aurait donc également été exclu.

ITALIE / URUGUAY (0-1)

LE 24 JUIN 2014 À NATAL

Suarez et ses dents longues

1 - LES FAITS

Il reste 20 minutes à jouer entre les finalistes de l'Euro 2012 et les vainqueurs de la Copa America 2011, qui ont tous les deux été surpris par les Ticos du Costa Rica dans ce groupe où figuraient également les Anglais (déjà éliminés). Le score de 0-0 qualifie les Azzurri et élimine les Uruguayens. Alors, la Nazionale s'arc-boute en défense. Dans la surface italienne, Luis Suarez et Giorgio Chiellini se retrouvent tous les deux au sol ! L'Uruguayen se relève en se tenant la mâchoire alors que l'Italien montre son épaule. Après quelques minutes de tergiversations, M. Rodriguez, l'arbitre mexicain, fait reprendre la partie.

2 - CE QUE DIT LA VIDÉO

Dès qu'il aperçoit Suarez et Chiellini au sol, l'arbitre mexicain siffle un coup franc en faveur des Italiens. Sans savoir précisément ce qu'il se passe. À vitesse réelle, il lui était d'autant plus compliqué de déceler cette agression (rarissime) qu'elle se déroule loin du ballon. À la vidéo, on voit bien le mouvement de la tête de Suarez, qui vient mordre l'épaule de l'Italien. Ce que montre Chiellini, c'est la trace des dents d'El Pistolero. Mais sa démonstration n'a pas convaincu M. Rodriguez de sanctionner l'Uruguayen.

3 - LES CONSÉQUENCES

La commission de discipline de la FIFA infligera 48 h plus tard à Luis Suarez une suspension exemplaire de 4 mois de compétition (y compris en club) et de 9 matchs avec la Celeste. Sans lui, l'Uruguay sera d'ailleurs éliminé au tour suivant par la Colombie (0-2). Si El Pistolero avait été immédiatement exclu, la Nazionale italienne aurait terminé la rencontre à dix contre dix. Elle aurait ainsi eu plus de possibilités d'égaliser à 1-1, après le but de Diego Godin (81e), même si elle n'avait pas tenté grand-chose au cours de cette rencontre.

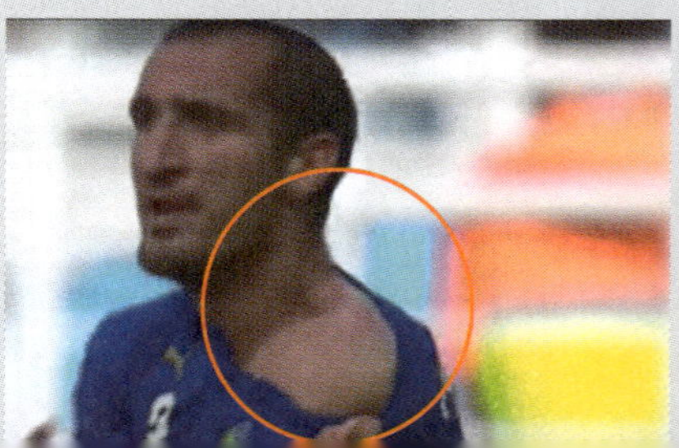

BRÉSIL / COLOMBIE (2-1)

LE 4 JUILLET 2014 À FORTALEZA

FIFA WORLD CUP Brasil

Coupe du monde 2014
BRÉSIL
du 12 juin au 13 juillet 2014

Salsa (colombienne) sur le dos de Neymar

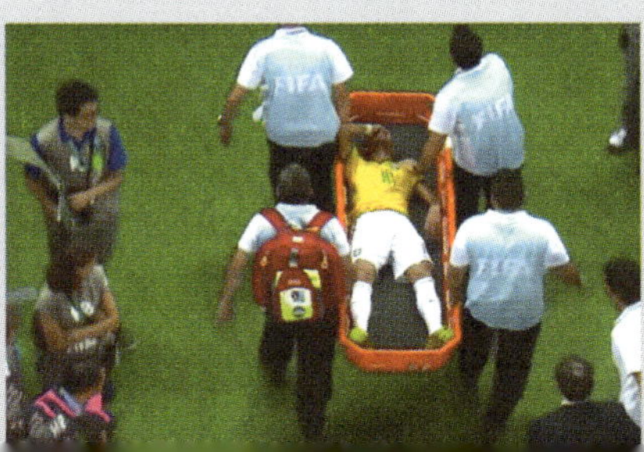

1 - LES FAITS

À 3 minutes de la fin de ce quart de finale tendu, la Colombie pousse fort pour arracher la prolongation. Un but (égalisateur à 2-2) vient d'être refusé au remplaçant Carlos Bacca pour un léger hors-jeu. Suite à un corner du Colombien Quintero, le ballon est dégagé par la défense brésilienne et Neymar se précipite pour exploiter la relance. Il est suivi comme son ombre par Camilo Zuniga, le puissant défenseur de Naples, qui vient au contact. L'attaquant brésilien reste au sol, avec une main sur le dos, mais M. Velasco Carballo, l'arbitre espagnol, fait signe de poursuivre le jeu. À la demande de David Luiz et Marcelo, il revient pour prendre des nouvelles de Neymar... qui sera évacué sur une civière quelques instants plus tard.

2 - CE QUE DIT LA VIDÉO

La charge de Camilo Zuniga est pourtant évidente et répréhensible : il saute genou en avant dans le dos de Neymar, qui ne peut évidemment pas se protéger. On pourrait assimiler cette faute à un tacle par-derrière qui vaut un carton rouge. De toute manière, l'intervention du défenseur colombien est dangereuse pour l'intégrité physique de son adversaire. Victime d'une fracture de la troisième vertèbre lombaire, Neymar sera indisponible pendant plusieurs semaines. Mais Zuniga n'a même pas été averti par l'arbitre espagnol alors qu'il aurait dû être exclu !

3 - LES CONSÉQUENCES

La Colombie étant finalement éliminée (1-2) à l'issue de ce quart de finale, l'exclusion de Camilo Zuniga n'aurait pas changé grand-chose pour les Cafeteros. Elle n'aurait pas rendu non plus Neymar opérationnel pour la demi-finale perdue contre l'Allemagne (1-7). Mais une sanction, même a posteriori, aurait été un signal fort pour prévenir les excès d'engagement de certains joueurs.

ALLEMAGNE / ARGENTINE (1-0)

LE 13 JUILLET 2014 À RIO DE JANEIRO

Commotion et amnésie pour Kramer

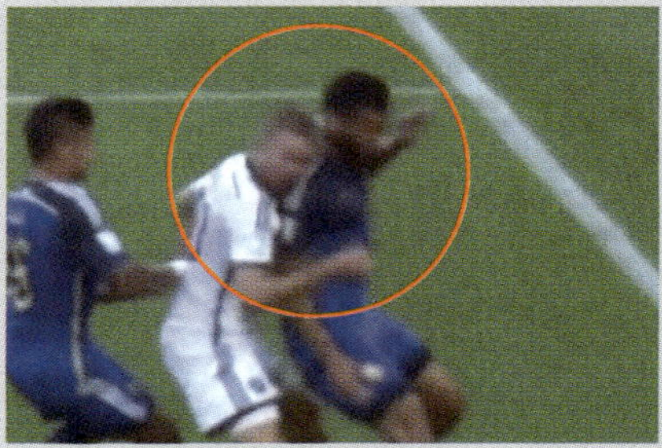

1 - LES FAITS

Pour cette grande finale au Maracana entre la *Nationalmannschaft* de Lahm et l'*Albiceleste* de Messi, Christoph Kramer ne devait pas être titulaire. Mais Sami Khedira se blesse à l'échauffement et Kramer se retrouve titulaire. Il réalise un début de partie impeccable. À la 17e minute, sur une touche rapidement jouée par Miroslav Klose, il devance l'arrière gauche Marcos Rojo au coin de la surface de réparation ; Ezequiel Garay, le défenseur central argentin, vient couper la trajectoire, enlève le ballon mais laisse le jeune Allemand K.O. M. Rizzoli, l'arbitre italien de cette finale, fait rentrer les soigneurs mais ne sanctionne pas Garay. Après les tests d'usage effectués par le staff médical allemand, Kramer reprend le match puis sort à la 31e minute, remplacé par André Schürrle.

2 - CE QUE DIT LA VIDÉO

Épaule contre épaule, c'est autorisé. Épaule contre tête, c'est bien évidemment interdit. Dans le feu de l'action, l'arbitre italien n'a pas jugé la gravité de l'intervention du défenseur argentin. Avec l'assistance vidéo, il aurait pu revoir la violence du choc, la face déformée de Kramer et son corps tomber comme désarticulé. M. Rizzoli aurait pu siffler le penalty mais il aurait surtout dû exclure du jeu Ezequiel Garay car il y avait bien danger pour l'intégrité physique de l'adversaire. Diagnostic pour le jeune Allemand : commotion cérébrale et amnésie temporaire. Christoph Kramer a essayé de reprendre sa place dans le jeu allemand mais il était encore sous le choc. Et c'est d'ailleurs avec l'aide des soigneurs de la *Nationalmannschaft* qu'il a quitté le terrain à la 31e minute pour rentrer aux vestiaires.

3 - LES CONSÉQUENCES

L'unique but de cette finale surviendra en prolongation, marqué par Mario Götze (113e), sur une action amenée par… le remplaçant de Kramer, André Schürrle. Face à une Argentine réduite à dix, on peut imaginer que le collectif allemand aurait fait plus vite la différence, comme il l'avait fait au premier match face à un Portugal (4-0) réduit à dix dès la 37e minute par l'exclusion de Pepe. La victoire finale méritée de l'Allemagne a évité de donner davantage de portée à ce fait de jeu.

Coupe du monde 2014
BRÉSIL
du 12 juin au 13 juillet 2014

LE PROTOCOLE DU K.O.

« Je ne me souviens plus du tout de la première mi-temps, confie Kramer après le match. Je pensais avoir quitté le terrain aussitôt après le choc. Je ne sais même pas comment je suis rentré au vestiaire. Dans ma tête le match commence à la deuxième mi-temps. » À ce moment-là, l'international allemand était revenu sur le banc après double examen médical : sur la pelouse après le choc puis, après un bref retour au jeu, dans le vestiaire.

Il demeure étonnant que Christoph Kramer soit revenu sur le terrain après le coup d'épaule de l'Argentin Garay. Le protocole est, en effet, très strict en ce qui concerne les chocs à la tête, surtout depuis l'accident survenu en championnat d'Angleterre au gardien tchèque Petr Cech (qui porte désormais un casque). La FIFA a d'ailleurs transmis à ce sujet la procédure à appliquer : « En cas de commotion cérébrale présumée, l'arbitre doit interrompre le jeu afin de permettre l'évaluation du joueur blessé par son médecin d'équipe. En principe, cette évaluation ne devrait pas prendre plus de trois minutes, sauf si la gravité de l'incident nécessite le traitement du joueur sur le terrain de jeu ou son immobilisation sur le terrain de jeu en vue de son transfert en urgence à l'hôpital. Tout joueur souffrant d'une blessure à la tête qui nécessite une évaluation dans l'éventualité d'une commotion cérébrale ne sera autorisé à reprendre le jeu à l'issue de cette évaluation qui si le médecin d'équipe confirme expressément à l'arbitre qu'il est en état de le faire. »

D'un point de vue médical, il est évidemment logique de retirer du jeu un joueur qui n'est plus en état de jouer. D'un point de vue sportif, il est logique de sortir également du jeu celui qui l'a mis dans cet état. Au moins de manière temporaire : une piste à étudier ?

LES CARTONS ROUGES ATTRIBUÉS À TORT

164 exclusions ont été prononcées par les différents arbitres des 20 Coupes du monde. 143 ont fait l'objet d'un carton rouge depuis 1970. Si ces exclusions sont dans leur grande majorité justifiées, certaines apparaissent sévères et peuvent même être interprétées comme une faveur. Surtout s'il s'agit du pays organisateur... Pour ces cas litigieux, l'arbitre aurait été bien aidé par l'assistance vidéo (VAR).

BRÉSIL / CHILI (4-2)

LE 13 JUIN 1962 À SANTIAGO

Garrincha ne méritait pas un rouge

1 - LES FAITS

Dans cette demi-finale contre l'organisateur chilien, la Seleçao mène 4-2 grâce à un doublé de Garrincha et un autre de Vavá. Les espoirs de finale de la Roja se sont évanouis avec l'exclusion à la 80e minute de l'attaquant Honorino Landa pour une protestation envers l'arbitre. Trois minutes plus tard, Garrincha amorce un une-deux et s'échappe sur son aile droite mais il s'accroche avec le défenseur Eladio Rojas. L'arbitre péruvien, M. Arturo Yamasaki, exclut l'attaquant brésilien du terrain.

2 - CE QUE DIT LA VIDÉO

Juste après sa passe, Garrincha tente de s'échapper le long de la ligne de touche mais deux Chiliens sont devant lui et l'imposant Rojas fait barrage. Après l'avoir esquivé, l'ailier brésilien donne un petit coup de pied dans les mollets de son adversaire. Il y a effectivement une faute mais ce n'est pas un geste dangereux pour l'intégrité physique du joueur. D'ailleurs, Garrincha est accompagné sur la touche par deux Chiliens, Leonel Sanchez et Manuel Rodriguez, sans qu'on perçoive la moindre animosité à son égard. À l'évidence, l'arbitre péruvien a voulu rétablir l'équilibre entre le Chili, réduit à dix trois minutes auparavant devant son public, et le Brésil pour les dernières minutes de cette demi-finale.

3 - LES CONSÉQUENCES

Garrincha devait être suspendu pour la finale de cette Coupe du monde où le Brésil était déjà privé de Pelé, son autre star, blessé dès le deuxième match (contre la Tchécoslovaquie, 0-0, que la Seleçao retrouvait en finale). La Fédération brésilienne (CBF) a donc demandé la clémence de la FIFA : après avoir revisionné les images, cette dernière a autorisé Garrincha à disputer la finale. Une décision de bon sens car, si on revisionne cette demi-finale, on constate que l'ailier brésilien a été victime de nombreuses fautes non sanctionnées et de provocations, y compris un ballon envoyé dans sa figure par un Chilien alors qu'il venait d'être fauché.

Coupe du monde 1962
CHILI
du 30 mai au 17 juin 1962

PAS DE SUSPENSION AUTOMATIQUE POUR UN EXCLU !

La présence de Garrincha en finale de la Coupe du monde 1962, alors qu'il avait été exclu en demi-finale, peut paraître incongrue de nos jours. Mais, à l'époque, la suspension pour le match suivant n'était pas automatique. À l'origine, un joueur exclu quittait le terrain et on laissait à sa fédération le libre arbitre d'aligner le fautif au match suivant. C'est ainsi que le premier exclu de l'histoire de la Coupe du monde, le Péruvien Placido Galindo, à la 70e minute du match contre la Roumanie (1-3), le 14 juillet 1930 à Montevideo, a disputé le match suivant, contre l'Uruguay (0-1) le 18 juillet. Ainsi, sur douze exclus dont l'équipe n'était pas éliminée, cinq ont disputé le match suivant (entre 1930 et 1962). Parmi eux, Jozsef Bozsik, capitaine de la Hongrie en l'absence de Puskás (blessé), exclu en quart de finale face au Brésil (4-2) et aligné en demi-finale contre l'Uruguay (4-2 ap), et un certain Garrincha...

MEXIQUE / ALLEMAGNE (0-0)

LE 21 JUIN 1986 À MONTERREY

Coupe du monde 1986
MEXIQUE
du 31 mai au 29 juin 1986

Aucune sanction contre l'anti-jeu mexicain

1 - LES FAITS

Allemands et Mexicains se rendent coup pour coup au cours de ce quart de finale à forte intensité. On joue depuis plus d'une heure et sur une contre-attaque, Thomas Berthold sollicite le une-deux au milieu de terrain avec Klaus Allofs, mais il est accroché par Fernando Quirarte et ne peut contrôler la remise de son compatriote. En chutant, il a un mauvais réflexe à l'attention du défenseur mexicain. M. Diaz Palacio, l'arbitre colombien, l'exclut sur-le-champ.

2 - CE QUE DIT LA VIDÉO

Matthäus et Allofs viennent demander des explications à l'arbitre. Felix Magath applaudit ironiquement : un geste qui pourrait être sanctionné aujourd'hui. M. Diaz Palacio mime le geste d'un uppercut pour justifier le carton rouge à Berthold. Certes, l'international allemand a un mauvais réflexe lorsqu'il est entraîné au sol par la faute du défenseur mexicain. Mais il est d'abord victime d'un acte manifeste d'anti-jeu alors que les Allemands développent une contre-attaque intéressante. L'arbitre colombien aurait dû s'en tenir à un avertissement pour Berthold ou bien sanctionner également Quirarte, qui avait déjà reçu un carton jaune (à la 27e minute). Les deux équipes se seraient alors retrouvées à dix.

3 - LES CONSÉQUENCES

Malgré le soutien et la ferveur du public de Monterrey, les Mexicains n'arriveront pas à faire basculer ce quart de finale historique en leur faveur. Les Allemands non plus et c'est aux tirs au but que se réglera cette confrontation qui est restée très tendue. M. Diaz Palacio a, en effet, distribué 4 autres cartons jaunes (dont un à Lothar Matthäus) et il a exclu le milieu mexicain Javier Aguirre au cours de la prolongation. S'il n'avait pas donné le sentiment de favoriser le pays organisateur, la rencontre aurait peut-être été plus intéressante.

NIGERIA / ITALIE (1-2 AP)

LE 5 JUILLET 1994 À BOSTON

Zola à genoux

Coupe du monde 1994
ÉTATS-UNIS
du 17 juin au 17 juillet 1994

1 - LES FAITS

Les champions d'Afrique nigérians sont sortis premiers de leur groupe, devant la Bulgarie de Stoitchkov et l'Argentine de Maradona. Ils abordent en favoris leur huitième de finale face à une équipe d'Italie privée de Franco Baresi, blessé, et du gardien Gianluca Pagliuca, exclu contre la Norvège. Ils prennent rapidement l'avantage, par Emmanuel Amunike (25e), à la suite d'un corner mal dégagé par la défense italienne. Pour redonner un peu de vigueur à son attaque, Arrigo Sacchi remplace Beppe Signori par Gianfranco Zola (75e). Douze minutes après son entrée en jeu, le petit attaquant de Parme est exclu pour un jeu dangereux sur le défenseur nigérian Augustine Eguavoen.

2 - CE QUE DIT LA VIDÉO

À peine le carton rouge brandi par M. Brizio Carter, l'arbitre mexicain, Gianfranco Zola se met à genoux, plus par incompréhension que par acte de contrition. Dans les secondes précédentes, le petit attaquant est écarté vigoureusement du bras par le puissant défenseur nigérian. On est dans la surface de réparation et il espère un penalty mais l'arbitre mexicain, bien placé, lui fait signe de se relever. Zola bondit et se précipite au-devant d'Eguavoen pour l'empêcher de relancer. Comme le défenseur nigérian a poussé un peu loin son ballon, l'attaquant de Parme en profite pour s'intercaler entre Eguavoen et le ballon. C'est vrai qu'il y va avec détermination mais le carton rouge semble réellement abusif.

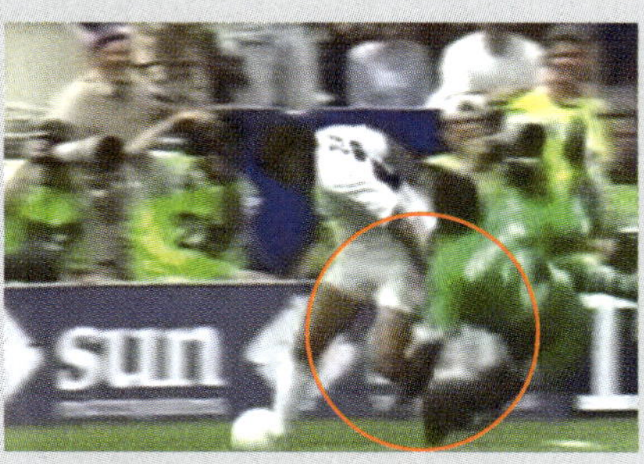

3 - LES CONSÉQUENCES

Réduits à dix, les Italiens vont tous de même trouver les ressources pour égaliser et s'imposer en prolongation (2-1) grâce à un doublé de Roberto Baggio (88e et 100e). S'ils n'ont pas eu à payer cette erreur sur ce match-là, ils l'ont certainement payée par la suite. Ils étaient privés de Zola pour le difficile quart de finale contre l'Espagne (2-1) et ils manquaient de fraîcheur pour la finale contre le Brésil (0-0) à Los Angeles.

BELGIQUE / PAYS-BAS (0-0)

LE 13 JUIN 1998 AU STADE DE FRANCE

FRANCE 98 WORLD CUP

Coupe du monde 1998
FRANCE
du 10 juin au 12 juillet 1998

Kluivert pas assez roublard

1 - LES FAITS

Quatre ans après la victoire belge sur les Néerlandais (1-0 aux États-Unis), les voisins des plats pays se retrouvent pour une nouvelle explication en phase finale de Coupe du monde (ils étaient dans le même groupe éliminatoire). Des Oranges pressés amènent les Diables rouges aux portes de l'enfer et Georges Leekens, le sélectionneur belge, procède à un changement au poste d'arrière droit dès la 22e minute (Crasson par Deflandre). Finalement, la défense belge tient le choc et le jeune Patrick Kluivert, le prodige formé à l'Ajax, las de prendre des coups, adresse quelques mots puis un coup d'épaule au « vieux » Lorenzo Staelens, défenseur du FC Bruges. M. Collina, l'arbitre italien, adresse alors un carton rouge à Kluivert.

2 - CE QUE DIT LA VIDÉO

Il y a bien eu une explication verbale entre l'attaquant néerlandais du Milan AC et le défenseur belge. À 22 ans, Kluivert a la fougue de la jeunesse et il le manifeste de manière un peu trop démonstrative à Staelens d'un geste du bras. Ce dernier se laisse tomber avec un brin de roublardise. L'exclusion directe de Kluivert apparaît sévère car il n'avait pas reçu le moindre carton jaune jusqu'alors, contrairement à Staelens, averti dès la 20e minute.

3 - LES CONSÉQUENCES

Réduits à dix pour les dix dernières minutes, les Néerlandais vont pousser en vain vers le but de Filip De Wilde. L'exclusion de Kluivert n'aura pas laissé le temps nécessaire pour qu'ils trouvent la bonne combinaison avec un autre génie formé à l'Ajax, Dennis Bergkamp, rentré à la 65e minute. Les Pays-Bas iront quand même jusqu'en demi-finale de ce Mondial et les Belges seront éliminés dès le premier tour.

ANGLETERRE / ARGENTINE (2-2)

LE 30 JUIN 1998 À SAINT-ÉTIENNE

Coupe du monde 1998
FRANCE
du 10 juin au 12 juillet 1998

Beckham-Simeone, la grande comédie

1 - LES FAITS

L'expulsion d'Antonio Rattin à Wembley en 1966, la main de Diego Maradona à Mexico en 1986, quatre ans après la guerre des Malouines... Entre Argentins et Anglais, un match de Coupe du monde n'est jamais comme un autre. Surtout quand il y a une place en quart de finale au bout. À la mi-temps, les deux équipes étaient à égalité (à 2-2) et elles ont repris avec détermination. Sur un ballon au milieu de terrain, Diego Simeone charge David Beckham dans le dos. M. Kim Milton Nielsen, l'arbitre danois, siffle immédiatement la faute mais le milieu de terrain anglais, qui est encore allongé, donne un petit coup de pied à l'Argentin pendant qu'il se relève. La sanction tombe : jaune pour Simeone, rouge pour Beckham !

2 - CE QUE DIT LA VIDÉO

Il y a bien un petit mouvement de pied de l'Anglais encore au sol vers l'Argentin, debout, et qui se laisse tomber à terre devant l'arbitre pour provoquer la sanction. M. Kim Milton Nielsen n'aurait pas dû se laisser abuser. Les commentateurs anglais s'attendent d'ailleurs à un carton jaune pour Beckham, pas un rouge ! La sanction apparaît clairement disproportionnée.

3 - LES CONSÉQUENCES

À dix, les coéquipiers d'Alan Shearer verrouillent, jouent en contre (avec le rapide Michael Owen) et le match va donc jusqu'aux tirs au but. Dans cet exercice, les Anglais ne sont pas en veine. Ils ont ainsi été éliminés en demi-finale de la Coupe du monde 1990 et en demi-finale de l'Euro 1996, à chaque fois par les Allemands. Hernan Crespo voit son tir repoussé par David Seaman, Paul Ince et David Batty par Carlos Roa. L'Angleterre est donc éliminée. Avec Beckham, elle aurait disposé d'un tireur d'élite pour les tirs au but.

FRANCE / CROATIE (2-1)

LE 8 JUILLET 1998 À SAINT-DENIS

Coupe du monde 1998
FRANCE
du 10 juin au 12 juillet 1998

Rouge pour Blanc !

1 - LES FAITS

La France est à un quart d'heure d'une première finale mondiale. Un deuxième but de l'incroyable Lilian Thuram, à la 70e minute, lui a permis de passer devant une talentueuse équipe croate, qui avait ouvert le score par Davor Suker. Sur un corner, Laurent Blanc monte comme à son habitude. Il est accroché par Slaven Bilic, son alter ego croate. Blanc se dégage de son marquage et Bilic tombe par terre. M. Garcia Aranda, l'arbitre espagnol, sort un carton rouge pour Blanc.

2 - CE QUE DIT LA VIDÉO

Il y a certes un mouvement d'exaspération du défenseur de l'équipe de France qui repousse de façon ferme Slaven Bilic mais à aucun moment Laurent Blanc ne touche le front de son adversaire comme le laisse croire le joueur croate en se prenant la tête entre les mains. Il y a une grossière simulation de la part du Croate et l'arbitre espagnol aurait mieux fait de s'abstenir. Au pire, il aurait pu donner un carton jaune à Bilic pour simulation et un autre à Laurent Blanc pour ne pas avoir complètement maîtrisé ses nerfs. Ni l'un ni l'autre n'avait déjà reçu d'avertissement dans cette partie.

3 - LES CONSÉQUENCES

Laurent Blanc sera suspendu pour la finale de la Coupe du monde. Sans lui mais avec Frank Lebœuf, les Bleus gagneront quand même la finale et Laurent Blanc pourra brandir le trophée aux côtés de Didier Deschamps et Zinédine Zidane. Tout est bien qui finit bien mais le défenseur de l'équipe de France a quand même été privé d'une finale de Coupe du monde pour une injustice arbitrale.

BRÉSIL / TURQUIE (2-1)

LE 3 JUIN 2002 À ULSAN

Coupe du monde 2002
CORÉE DU SUD ET JAPON
du 31 mai au 30 juin 2002

Rivaldo avait simulé

1 - LES FAITS

Ce n'est qu'à 3 minutes de la fin du temps réglementaire de ce match du premier tour que la Seleçao a pu prendre le dessus sur la Turquie à la faveur d'un penalty généreux, transformé par Rivaldo après une faute d'Alpay, logiquement exclu (car dernier défenseur), même si la faute a été commise en dehors de la surface de réparation. Dans le temps additionnel, le Brésil temporise et, pour qu'il joue un corner plus rapidement, Hakan Ünsal renvoie le ballon d'un tir tendu vers Rivaldo... qui s'effondre devant le poteau de corner en se tenant la tête. M. Kim Young-joo, l'arbitre sud-coréen, sort un carton jaune direct à l'encontre de Hakan Ünsal et la Turquie finit la rencontre à neuf.

2 - CE QUE DIT LA VIDÉO

Le geste d'Hakan Ünsal n'est pas très fair-play car empreint de frustration mais le ballon touche la cuisse de l'attaquant brésilien, pas sa face. En se jetant à terre et en se tenant la tête à deux mains, Rivaldo réalise une grossière simulation qui aurait dû être sanctionnée par M. Kim. Quant à Hakan ünsal, ce deuxième avertissement le condamnait à une sortie prématurée. L'arbitre coréen aurait pu s'en tenir à des remontrances verbales.

3 - LES CONSÉQUENCES

À quelques secondes de la fin du temps additionnel, cette deuxième exclusion n'a plus vraiment d'impact sur le résultat final. Ni même sur le parcours de la Turquie qui sortira de sa poule du premier tour (devant le Costa Rica et la Chine) malgré les suspensions d'Alpay Özalan et de Hakan Ünsal. Mais, quatre ans après la simulation de Bilic qui avait coûté à Laurent Blanc une finale de Coupe du monde, on ne peut que déplorer qu'un arbitre comme M. Kim se soit laissé à son tour abuser.

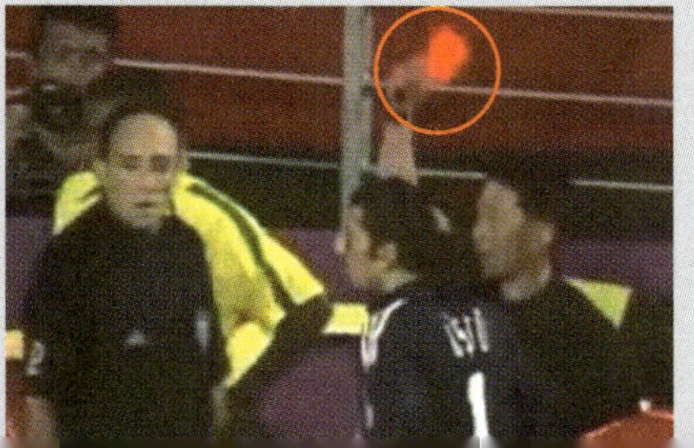

CORÉE DU SUD / ITALIE (2-1 ap)

LE 18 JUIN 2002 À DAEJEON

Totti exclu à tort

1 - LES FAITS

Francesco Totti fait partie des quatre joueurs italiens avertis (contre deux Coréens) lorsque débute la prolongation du huitième de finale face aux Coréens (du Sud) à Daejeon. Sur une longue ouverture de Francesco Coco prolongée par la tête de Christian Vieri, Francesco Totti contrôle le ballon dans la surface de réparation et tombe au contact d'un défenseur coréen.

2 - CE QUE DIT LA VIDÉO

Lorsqu'il arrive au contact de Song Chong-gug, Francesco Totti tente le dribble pour enchaîner avec une frappe au but mais le défenseur coréen parvient à toucher le ballon avant que l'attaquant italien ne tombe dans la surface. Il n'y a donc pas penalty – ce qu'a admis plus tard le sélectionneur italien Giovanni Trapattoni – mais pas de simulation non plus. La star de la Roma n'aurait donc pas dû être exclue par M. Moreno.

3 - LES CONSÉQUENCES

En infériorité numérique, les Italiens ont du mal à contenir la vague coréenne et Ahn Jung-hwan finira par marquer le but en or à la 117e minute, de la tête, en prenant le dessus sur un Paolo Maldini épuisé. Si les Italiens étaient restés à onze, ils auraient évidemment pu mieux résister mais, surtout, ils auraient pu compter jusqu'au bout sur la vitesse de Francesco Totti, complément idéal du puissant Christian Vieri, attaquant esseulé, pour marquer le but de la qualification sans attendre d'éventuels tirs au but.

LES 1 000 VIES DE BYRON MORENO

Surnommé «el Justiciero» (le Justicier) dans son pays, l'Équateur, Byron Moreno n'a que 32 ans lorsqu'il est sélectionné parmi les arbitres de la Coupe du monde 2002. Il avait déjà officié lors de la Coupe des Confédérations l'année précédente et avait dirigé Portugal-États-Unis (2-3) lors du premier tour. Après sa prestation controversée lors de ce fameux Italie-Corée du Sud, il devient l'objet d'une attention particulière. En Équateur, il est suspendu 20 matchs (ramené à 16 en appel) pour avoir laissé jouer 13 minutes de temps additionnel, au cours duquel le Barcelona de Guayaquil a encaissé 2 buts sur le terrain de la LDU Quito, la « casa blanca ». La FIFA ouvre alors une enquête à son sujet, qu'elle classe quelques mois plus tard. Dès son retour de suspension, en mars 2003, il s'illustre en sortant 4 cartons rouges lors d'un match entre Deportivo Quito et Cuenca. En juin, il quitte l'arbitrage en compétition et ouvre à Quito un centre de formation pour... arbitres (qui va fonctionner jusqu'en 2009). En 2005, il perd son fils, victime d'une malformation cardiaque. En 2007, il commence à collaborer comme consultant avec Sonorama, la radio n°1 en Équateur. En 2010, il est arrêté à l'aéroport de New York avec 6 kilos d'héroïne ; condamné à 5 ans de prison, il est libéré au bout de 2 ans et 2 mois pour bonne conduite. « J'étais incapable de payer les frais de clinique pour ma fiancée. J'ai emprunté 2500 dollars, à rembourser en 2 mois, sinon il fallait que je me rende un service. J'imaginais qu'ils trafiquaient mais jamais qu'ils me demanderaient de passer un colis aux États-Unis. C'est la plus grande erreur de ma vie », a-t-il raconté dans un entretien à *L'Équipe* en 2014. Revenu en Équateur, ce fils d'avocat a repris ses activités de consultant, pour la radio Sonorama et pour la chaîne de télévision Canal Uno.

ANGLETERRE / BRÉSIL (1-2)

LE 21 JUIN 2002 À SHIZUOKA

Coupe du monde 2002
CORÉE DU SUD ET JAPON
du 31 mai au 30 juin 2002

La semelle rouge de Ronaldinho

1 - LES FAITS

D'un incroyable coup franc direct qui a surpris le gardien anglais David Seaman, Ronaldinho vient de donner l'avantage aux Brésiliens. Longtemps menés en première période, les coéquipiers de Ronaldo et Cafu égalisent juste avant la mi-temps, par Rivaldo. Et prennent l'avantage 5 minutes après le repos par le magicien du PSG, alors âgé de 22 ans. À la 57e minute, sur un duel dans le camp anglais, Ronaldinho touche l'Anglais Danny Mills, qui se jette à terre. M. Felipe Ramos Rizo, l'arbitre mexicain, sort un carton rouge direct contre le Brésilien.

2 - CE QUE DIT LA VIDÉO

L'exclusion est sévère mais pas totalement injustifiée. Il y a clairement une semelle de Ronaldinho sur Mills mais il y a des circonstances atténuantes : la faute du Brésilien n'est pas une agression mais une maladresse car son pied glisse sur le ballon qu'il veut contrôler et touche ensuite le mollet du défenseur anglais. Danny Mills jouera le match dans son intégralité. L'arbitre mexicain, qui était placé à proximité, aurait pu faire preuve de clémence à l'égard du jeune Ronaldinho, et n'attribuer qu'un avertissement. Mais il semble qu'il voulait freiner les ardeurs des Brésiliens coupables à ce moment-là de la majorité des fautes (14 contre 9 pour les Anglais). Et c'est tombé sur le malheureux Ronaldinho...

3 - LES CONSÉQUENCES

Ça ne changera pas grand-chose au résultat, qui restera en l'état (2-1). À dix, les Brésiliens vont se contenter de préserver leur avance. À onze contre onze, Ronaldinho nous aurait peut-être régalés encore un peu... Il sera donc suspendu pour la demi-finale contre la Turquie mais le Brésil se qualifiera sans trop de difficultés pour une finale inédite contre l'Allemagne qui sera, elle, privée de Michael Ballack.

Coupe du monde 2014
BRÉSIL
du 12 juin au 13 juillet 2014

Müller avait du métier

1 - LES FAITS

Dans ce choc du premier tour parti sur un rythme élevé, les Allemands ont tiré les premiers. Plutôt deux fois qu'une ! Sur penalty d'abord, par Thomas Müller (12e), pour une (petite) faute de Joao Pereira sur l'avant-centre Mario Götze, puis par Mats Hummels (32e), de la tête sur corner. Ils laissent donc l'initiative du jeu aux Portugais mais Thomas Müller vient disputer un ballon de relance à Pepe qui écarte machinalement du bras l'attaquant allemand. Ce dernier tombe au sol en se tenant la tête à deux mains. La simulation est évidente et Pepe vient dire ce qu'il en pense à Müller tête contre tête. M. Mazic, l'arbitre serbe, décide d'exclure le défenseur portugais.

2 - CE QUE DIT LA VIDÉO

Le geste du bras de Pepe ne peut pas être assimilé à un coup de coude ou à une agression. Thomas Müller en rajoute délibérément. D'ailleurs, il est tellement touché qu'immédiatement après que Pepe fut venu lui coller son front contre sa tête, il se relève d'un bond prêt à en découdre avec le défenseur portugais. M. Mazic aurait dû s'en tenir à un carton jaune pour Pepe, victime dans cette affaire de sa mauvaise réputation. Il aurait également pu avertir Müller pour simulation.

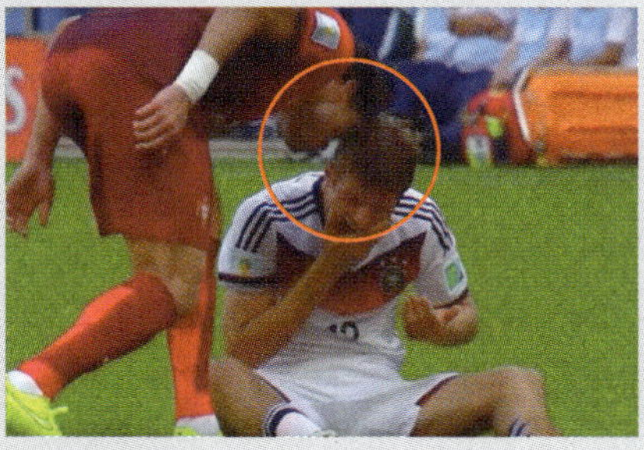

3 - LES CONSÉQUENCES

Quand on réalise que le Portugal, à égalité de points avec les États-Unis après 3 matchs, sera éliminé à la différence de buts (-3 contre 0), on comprend mieux l'impact de cette exclusion. À onze contre onze, les coéquipiers de Cristiano Ronaldo pouvaient espérer limiter la casse face aux futurs champions du monde. En infériorité numérique, ils vont complètement craquer : 0-4. La suspension de Pepe va priver le Portugal d'un défenseur de tempérament pour le match suivant, déjà décisif, contre les États-Unis... qu'il sera incapable de gagner (2-2). Curieusement, le retour de Pepe (en défense) coïncide avec la victoire contre le Ghana (2-1), insuffisante pour éviter l'élimination dès le premier tour.

Crédits photographiques

Couverture :
1ère de couverture : Presse Sports
4ème de couverture : Ronaldo (Panoramic) ; Diego Maradona (Panoramic) ; Marius Trésor (Icon Sport) ;
Laurent Blanc (Panoramic)
1er rabat : Panoramic

Intérieur :
Toutes les photographies proviennent de Panoramic sauf :
Icon Sport : pp. 10-11 ; p.31 ; pp. 32-33 ; p.47 ; p.49 ; p.55 ; p.69.
Presse Sports : p. 4 ; p.15 ; p.59 ; p.60 ; p.63 ; p.75 ; p.87 ; p.91 ; p.93.

L'auteur tient à remercier les éditions Solar, Jean-Philippe Bouchard, Maxime Lafon et David Pairé pour leur implication dans la réalisation de cet ouvrage.

Directeur : Jean-Louis Hocq

Direction éditoriale : Jean-Philippe Bouchard

Assistant d'édition : Maxime Lafon

Couverture et maquette intérieure : David Pairé

Fabrication : Emmanuelle Laine

ISBN : 978-2-263-15539-0
Code éditeur : S15539
Dépôt légal : mai 2018
Achevé d'imprimer en France en mai 2018 par Clerc (18)

Retrouvez-nous sur www.solar.fr

Solar | un département **place des éditeurs**

place
des
éditeurs

MIXTE
Papier issu de sources responsables
FSC
www.fsc.org
FSC® C003309